I0052378

DES RAPPORTS A SUCCESSION

En droit romain et en droit français.

THÈSE POUR LE DOCTORAT.

L'acte public sur les matières ci-après sera soutenu,
le jeudi 27 décembre 1855, à deux heures,

Par **PHILIPPE-AUGUSTIN-JULES GUÉRIOT**,
né à Lizy-sur-Ourcq (Seine-et-Marne).

Président : M. VALETTE, Professeur.

Suffragants :
MM. BUGNET,
ROYER-COLLARD,
PELLAT,
Professeurs.

FERRY,
Suppléant.

*Le Candidat répondra en outre aux questions qui lui seront faites
sur les autres matières de l'enseignement.*

PARIS,

VINCHON ET CHARLES DE MOURGUES,
IMPRIMEURS DE LA FACULTÉ DE DROIT DE PARIS,
Rue Jean-Jacques Rousseau, 8.

1855.

6296

A MON PÈRE, A MÈRE.

———

A MON FRÈRE, A MA SOEUR.

Ⓒ

DES RAPPORTS A SUCCESSION

EN DROIT FRANÇAIS ET EN DROIT ROMAIN.

Maintenir l'égalité dans les familles pour y assurer la concorde, telle est l'idée qui a surtout préoccupé le législateur moderne, lorsqu'il a posé les règles de notre droit successoral. Ce désir de l'égalité dans le partage des successions a conduit les rédacteurs du Code Napoléon à décider que les biens qu'un successible aurait reçus du défunt par libéralités ne seraient, à moins de déclaration de la volonté contraire du *de cujus*, considérés que comme une simple avance faite à ce successible sur sa part héréditaire. De là la nécessité pour l'héritier avantagé, s'il veut prendre part à la succession, d'y remettre ce qu'il a déjà reçu, s'il n'en a été dispensé formellement, et c'est cette remise qui constitue le rapport à succession dont il est question dans les art. 843 à 869 du Code Napoléon.

Le rapport n'est pas une institution du droit nouveau; il existait dans la législation intermédiaire, où il eut à subir d'assez grandes variations, et la législation intermédiaire l'avait emprunté elle-même au droit coutumier. L'égalité dans le partage des successions n'est pas, en effet, une idée spéciale à notre loi moderne; elle apparaît au contraire, avant 1789, dans le droit coutumier, avec plus d'énergie encore que dans notre Code, et elle y est conservée plus strictement. Il y avait bien dans l'ancienne législation des priviléges attribués aux aînés aux dépens des puînés, aux mâles à l'exclusion des femmes, mais ces inégalités, introduites par le droit féodal pour conserver la splendeur des grandes familles, n'avaient lieu en général que dans la succession aux biens nobles. Au contraire, dans la succession aux biens roturiers, l'égalité la plus stricte était établie entre les enfants, à tel point que dans le droit commun des coutumes, les parents ne pouvaient faire aucune libéralité à un de leurs enfants au détriment des autres, et que celui qui avait été avantagé devait rapporter à ses frères ce qu'il avait reçu sans pouvoir être dispensé du rapport.

Dans le dernier état du droit romain, dont les règles étaient suivies dans nos anciens pays du droit écrit, nous retrouvons également les rapports à succession établis sur des bases qui présentent beaucoup d'analogie avec notre droit actuel. Enfin, en remontant plus haut, nous pouvons apercevoir l'origine du rapport dans une institution prétorienne, la *collatio bonorum*, à laquelle un titre spécial est consacré dans les Pandectes.

Ce rapide aperçu suffit pour démontrer tout l'intérêt qu'il y a à commencer par étudier les règles du droit romain et du droit coutumier sur le rapport, avant d'examiner sur ce point les dispositions du Code Napoléon; c'est ce que je me propose de faire. Je rechercherai donc d'abord l'origine de la *collatio bonorum*, les applications qu'en firent les jurisconsultes dont nous retrouvons les fragments dans les Pandectes, les changements qui y furent apportés par la législation du Bas-Empire; j'examinerai quel fut le sort du rapport de notre ancien droit coutumier et dans la législation intermédiaire, pour arriver en dernier lieu à l'examen détaillé des règles posées par le Code Napoléon sur cette importante matière.

DROIT ROMAIN.

I. De la collatio bonorum (*rapport des biens*) en droit romain.

§ 1er. — Origine de la *collatio bonorum*.

Pour comprendre ce qu'était la *collatio bonorum* dont il est question dans les textes des Pandectes, il est nécessaire de se rappeler les règles de la puissance paternelle et du droit successoral, et surtout les réformes apportées par les préteurs au système de délation des successions, tel qu'il était organisé par le droit civil primitif, par la loi des Douze Tables.

A Rome, la puissance paternelle n'était pas, comme chez nous, un simple pouvoir de garde et 'e protection établi dans l'intérêt des enfants, et cessant dès qu'il ne leur était plus nécessaire; c'était un pouvoir despotique, durant à perpétuité, et qui, à en examiner les résultats, semblait n'avoir été organisé que dans l'intérêt du père de famille. Celui-ci est maître de ses enfants à peu près comme de ses esclaves, et tout ce qu'ils acquièrent par leur travail ou leur industrie, tout ce qui leur est donné par des étrangers, devient immédiatement sa propriété. Ce pouvoir rigoureux ne cesse, en principe, qu'à la mort du père de famille, qui, toutefois, peut y renoncer et affranchir un de ses enfants de son autorité par l'émancipation. L'émancipé devient libre et indépendant *sui juris;* il est capable d'avoir un patrimoine personnel, d'être lui-même chef de famille; mais, en même temps, il devient civilement étranger à la famille dont il est sorti.

A la puissance paternelle, qui était le lien de la famille civile, se rattachait intimement le régime successoral. Lorsqu'un chef de famille mourait, sa succession était déférée en première ligne à ses descendants, qui formaient la classe des héritiers siens, *hæredes sui.* Ceux-là seulement étaient héritiers siens qui étaient restés soumis à la puissance du chef de famille jusqu'à sa mort, et devenaient libres à cette époque, et par l'événement de cette mort : c'étaient d'abord les enfants au premier degré, puis les descendants par les mâles, qui, par suite du prédécès ou de l'émancipation de leur père, se trouvaient sans intermédiaire sous la puissance de leur aïeul ; quant aux enfants émancipés, ils avaient, en sortant de la famille civile, perdu tous leurs droits d'agnation et de succession ; ils n'héritaient pas de leur père.

Sur ce dernier point, les préteurs, poussés par un sentiment d'humanité, et ne prenant d'ailleurs en considération que les liens du sang, apportèrent dans leurs édits une réforme à la rigueur du droit civil. Ils n'allèrent pas jusqu'à accorder aux enfants émancipés le titre d'héritier qui leur était refusé par la loi des Douze Tables; mais au moyen d'un de ces détours qui leur étaient habituels, ils leur en attribuèrent tous les avantages. Les émancipés n'appréhendaient pas les biens paternels comme héritiers, comme propriétaires, mais le préteur leur donnait sur ces biens une possession qui les menait à la propriété par l'usu-capion, et les mettait ainsi dans une position à peu près égale à celle des enfants en puissance; c'est là la possession de biens.

. Mais s'il était bon de protéger les émancipés, il ne fallait pas leur accorder une faveur excessive, et si leur émancipation ne devait pas leur nuire, elle ne pouvait non plus être pour eux l'occasion d'un gain. En devenant *sui juris*, les émancipés avaient été par là même rendus capables d'avoir un patrimoine personnel ; leurs acquisitions avaient cessé de profiter à leur père, dont ils étaient devenus indépendants; au contraire, les enfants en puissance avaient continué d'acquérir pour le père de famille, et le produit de leur travail était allé grossir le patrimoine commun. Pour que la position fût égale entre les fils de famille et les émancipés, il fallait que ceux-ci, s'ils voulaient prendre part à la succession paternelle, confondissent dans la masse commune tous leurs biens personnels, biens qui auraient été acquis au chef de famille sans l'émancipation ; c'est ce que le préteur ne manqua pas d'ordonner, et c'est cet apport fait par les émancipés de leurs biens propres dans la masse de biens paternels qui constitue ce qui est appelé dans les textes la *collatio bonorum* (1). Cette institution repose sur des principes

---

(1) Cette expression, *collatio bonorum*, est assez inexactement traduite par le mot *rapport*. En effet, il n'y a rapport que lorsque l'on remet à une masse un objet qui en a fait partie et en a été détaché. Les biens que les émancipés viennent confondre dans le patrimoine paternel, peuvent n'avoir jamais fait partie de ce patrimoine. Sans doute, en fait, il arrivait souvent que parmi ces biens il y en avait qui provenaient de libéralités faites par le père au fils, mais s'ils étaient soumis à la *collatio*, c'était comme biens personnels de l'émancipé et non pas comme biens donnés. Néanmoins, me conformant du reste à un usage général, je traduirai souvent ces mots, *collatio bonorum*, par le mot rapport qui, s'il n'a pas le mérite d'une exactitude rigoureuse, présente au mo' »s l'avantage de la brièveté.

tout à fait étrangers à nos lois et à nos mœurs; elle diffère
beaucoup de nos rapports à succession; elle est cependant inté-
ressante à étudier, parce que c'est elle qui, modifiée et trans-
formée par les constitutions impériales, y a donné naissance.
Déjà même nous pouvons apercevoir le lien de filiation qui
existe entre la *collatio bonorum* et le rapport tel qu'il fut organisé dans l'ancien droit romain et dans les coutumes, tel qu'il
l'est encore aujourd'hui par le Code Napoléon. Il était d'usage
que le père de famille, en émancipant un de ses fils, lui fît une
libéralité qui le mît à même de soutenir la famille dont il allait
devenir le chef; bien souvent encore, il y avait après l'émancipation des donations faites par le père au fils émancipé. En
outre, c'était à Rome une obligation pour le père de doter sa
fille; les filles concourant avec leurs frères à la succession paternelle, durent y rapporter leurs dots. Nous verrons que par des
modifications successives on en vint à décider que les biens
donnés, ou les dots constituées par le père, seraient seuls soumis à la *collatio*; la *collatio* fut même étendue aux successions
des ascendants quelconques, tels que la mère et les ascendants
maternels; elle présente alors une analogie parfaite avec les rapports à succession.

Pour exposer le droit des Pandectes, nous avons à examiner :
1° dans quels cas et entre quelles personnes a lieu le rapport;
2° quels biens y sont soumis; 3° quelles sont les règles spéciales
au rapport de la dot; 4° et enfin comment se fait le rapport et
quelle est la peine de celui qui refuse de le faire.

§ 2. — Dans quel cas et entre quelles personnes a lieu
le rapport.

D'après l'édit prétorien, la *collatio bonorum* est imposée aux enfants émancipés voulant, au moyen de la possession de biens, prendre part à la succession du père de famille, concurremment avec les enfants restés en puissance ; elle a pour but d'atténuer le préjudice qui résulte pour ces derniers du concours des émancipés.

Il est évident, du reste, que ce n'est qu'autant que les émancipés veulent arriver à la succession paternelle et demandent la possession de biens, qu'ils sont assujettis au rapport. Cela résulte des termes mêmes de l'édit qui n'impose le rapport que comme conséquence de la possession de biens demandée et obtenue (Cujas, *Recitat. solemn. ad. l. 1, D., de coll. bon.*)

Entre les émancipés il n'y a pas lieu à rapport. Et cela doit s'entendre non-seulement en ce sens que les émancipés ne peuvent demander le rapport à leurs frères émancipés, mais même qu'ils ne peuvent en profiter lors qu'il a été demandé par les héritiers siens. Le motif de cette décision est facile à saisir. C'est qu'en effet les émancipés étant tous dans une position égale, ne se causent mutuellement aucun préjudice en venant tous ensemble à la succession paternelle.

Entre les enfants en puissance, il n'y a pas, à l'origine, de rapport possible, car ils n'ont aucuns biens personnels. Le père pourra bien quelquefois leur donner certains biens à administrer, sous le nom de pécule, mais le pécule ne constitue pas pour le fils de famille un patrimoine à lui propre ; il reste au contraire toujours la propriété du père, et à la mort de celui-ci, les biens qui le composent sont partagés entre tous les héritiers siens, non pas comme biens rapportés, mais comme biens n'ayant jamais cessé d'appartenir au père de famille. Plus tard, Jules César voulant s'attacher les soldats par la concession d'avantages pécuniaires, décida que les biens acquis par les fils de famille au service militaire, leur seraient propres, sous le nom de pécule castrens (*castrense peculium*). Les fils de famille qui avaient un pécule castrens ne furent pas pour cela assujettis au rapport, car en venant à la succession paternelle ils ne causaient aucun préjudice à leurs frères, tous ayant un droit égal. Nous verrons plus loin que du moment où l'on admit que les fils de famille pourraient avoir à eux certains biens propres, sous le nom de pécule castrens, on admit, par une juste conséquence, que les enfants émancipés ne seraient pas tenus non plus de rapporter les biens qui auraient formé pour eux le pécule castrens, s'ils fussent toujours restés sous la puissance de leur père.

Le principe dominant dans notre matière, c'est que le rapport ayant pour but de réparer le préjudice causé aux enfants en puissance par la présence et le concours des émancipés, il ne peut avoir lieu qu'autant que cette présence et ce concours amènent véritablement un préjudice. *Toties igitur collationi locus est, quoties aliquo incommodo affectus est is, qui in potestate est, interventu emancipati : cæterum, si non est, cessabit collatio* (Ulp., l. 1, § 5, D., *de collat.*). Le rapport est donc dû seulement à ceux des enfants en puissance et héritiers siens, qui éprouvent un préjudice par le concours de leur frère émancipé, et il n'est dû que dans la proportion du préjudice éprouvé.

Plusieurs hypothèses peuvent se présenter : la plus simple est celle où le père de famille meurt ab intestat, soit parce qu'il n'a fait aucun testament, soit parce que celui qu'il a fait se trouve nul pour défaut de forme, ou dénué d'effet par la répudiation de l'héritier institué. Alors les enfants en puissance sont appelés à la succession comme héritiers siens, et les émancipés viennent en concours avec eux par la possession de biens *unde liberi*, mais à la condition de rapporter leurs biens personnels; car, dans ce cas, ils viennent diminuer la part héréditaire de leurs frères en puissance.

Si le père de famille est mort en laissant un testament (ce cas se présentait souvent, car c'était, à Rome, un déshonneur pour un citoyen de mourir sans avoir lui-même réglementé sa succession), et si dans le testament les enfants en puissance ont été institués, tandis que les émancipés ont été omis, quoique d'après la rigueur du droit civil ceux-ci n'aient rien à réclamer, cependant le préteur, en leur faveur, infirme le testament par la possession de biens *contra tabulas*, et il les fait ainsi arriver à prendre part à la succession paternelle, concurremment avec les enfants en puissance ; mais c'est bien entendu à la charge de faire le rapport, car encore dans ce cas les émancipés viennent diminuer la portion de leurs frères.

Si les émancipés avaient été exhérédés formellement dans le testament de leur père, le préteur ne leur accordait pas de possession *contra tabulas*, car aux yeux mêmes du droit prétorien, le testament était valable, au moins quant à la forme. Mais si l'exhérédation était injuste et imméritée, les enfants émancipés avaient la ressource de l'attaquer comme inofficieuse ; et une fois la plainte d'inofficiosité admise, le testament tombait, et la succession était déférée ab intestat. Les enfants en puissance y étaient appelés comme héritiers siens, et les enfants émancipés avaient la possession de biens *unde liberi*. Dans cette hypothèse, en admettant que les enfants en puissance eussent été institués par le testament, ou eussent eu le droit de faire tomber eux-mêmes ce testament par la plainte d'inofficiosité, les émancipés devaient leur faire le rapport.

En résumé, le rapport a lieu, soit qu'il y ait eu un testament contre lequel les émancipés ont obtenu la possession de biens *contra tabulas* (et c'est même là le cas que semble avoir eu d'abord en vue le préteur); soit qu'en l'absence de tout testament les émancipés aient obtenu la possession de biens *unde liberi;* soit enfin que les émancipés aient fait rescinder par la plainte d'inofficiosité le testament dans lequel ils auraient été exhérédés (l. 17, pr., C., *de collat.*).

C'était quelquefois à ses propres enfants que l'émancipé avait à faire le rapport. Cela arrivait lorsque cet émancipé avait, au moment de l'émancipation, des enfants qui étaient restés sous la puissance de leur aïeul, et s'y trouvaient ainsi soumis sans intermédiaire.

A la mort de leur aïeul, les petits-fils étaient appelés à la succession comme héritiers siens, d'après le droit civil. Le préteur ne voulut pas leur enlever le titre d'héritier qu'ils tenaient du droit civil; il ne voulut pas non plus écarter complétement l'émancipé, il admit un système de transaction ; il décida que la part de succession échue aux petits-enfants devait se partager par moitié entre eux et leur père; et comme dans ce cas c'étaient les petits-enfants seulement qui avaient à souffrir du concours de leur père, c'était aussi à eux seuls qu'était dû le rapport (Ulp., l. 1, pr., Dig., *de conjung. cum emanc. liberis*).

Une observation importante à faire ici, c'est que les héritiers siens, d'après le droit civil, pouvaient aussi demander la possession de biens. Ainsi, par exemple, les enfants en puissance pouvaient, comme leurs frères émancipés, dans le cas de succession ab intestat, demander la possession de biens *unde liberi*, au lieu d'invoquer leur titre d'héritier de droit civil (Inst. de Just., tit. ix, *de bon. possess.*, § 1). De même, lorsque dans le testament les enfants en puissance et les émancipés avaient été omis, tous pouvaient demander la possession de biens *contra tabulas*. Il y a plus, si dans le testament du père de famille les enfants héritiers siens avaient été institués et les émancipés omis, les enfants héritiers siens, quoiqu'institués, pouvaient ne pas faire adition en vertu du testament et se joindre au contraire aux émancipés pour demander la possession de biens *contra tabulas*. C'est même cette marche qui, d'après la rigueur des termes de l'édit, devait être suivie pour qu'il y eût lieu au rapport par les émancipés. Le préteur, en effet, dit qu'il n'imposera le rapport aux émancipés demandant la possession de biens, qu'autant que les enfants en puissance, n'usant pas de leur titre d'héritiers du droit civil, auront eux-mêmes demandé aussi la possession de biens. *Inter eos dabitur collatio quibus possessio data est* (l. 1, § 2, D., *de collat.*). Il semble que le préteur veuille faire un avantage à ceux qui abandonneront la succession légitime de la loi des Douze Tables, pour demander la succession prétorienne.

Toutefois, l'interprétation des prudents amena un tempérament à la règle qui vient d'être citée. Le jurisconsulte Scævola suppose qu'un père de famille a fait un testament dans lequel il a institué un de ses fils qui était sous sa puissance, tandis qu'il a omis l'autre qui était émancipé ; le fils institué a fait adition d'hérédité en vertu du testament, l'émancipé omis a demandé la possession de biens *contra tabulas;* à s'en tenir au sens littéral des termes de l'édit, l'enfant en puissance, quoiqu'il voie son frère émancipé venir prendre à son détriment moitié de la succession, ne pourrait cependant pas exiger de lui le rapport, parce qu'ils ne succèdent pas au même titre. Mais comme, en définitive, que l'enfant institué ait fait adition d'hérédité en vertu du testament, ou qu'il ait demandé la possession de biens, le préjudice qu'il éprouve est toujours le même ; le jurisconsulte arrive à dire qu'il pourra demander le rapport à son frère émancipé (L. 10, h. t.).

C'était seulement lorsque les émancipés venaient par la possession de biens, soit *unde liberi*, soit *contra tabulas*, qu'ils devaient le rapport. S'ils avaient été institués héritiers dans le testament de leur père, ils n'avaient plus besoin du secours du préteur pour arriver à la succession ; ils y venaient, non plus comme enfants émancipés à cause du lien de parenté naturelle en faveur duquel le préteur leur accordait la possession de biens, mais ils étaient appelés en qualité d'héritiers testamentaires comme auraient pu l'être tous autres étrangers ; leur titre était la volonté du testateur. Dans ce cas, le rapport n'était pas dû, à moins, toutefois, que le testateur ne l'eût expressément ordonné (Ulpien, loi 1re, § 6 ; Dig., *de collat.*, l. 1er, au Code, *de collat.*).

Si le testament dans lequel l'émancipé avait été institué tombait parce qu'un autre fils émancipé ou en puissance n'y avait été ni exhérédé, ni institué, alors l'émancipé ne pouvait plus venir en vertu du testament, mais il pouvait demander la possession de biens. Dans ce cas, devait-il le rapport à l'héritier avec lequel il se trouvait être en concours ? Non, répondent les jurisconsultes (Ulp., L. 3, Dig., *de dotis collatione*), pourvu, toutefois, que l'émancipé ne veuille pas obtenir plus par la possession de biens qu'il ne pouvait avoir en vertu du testament, car alors, il ne pourrait plus invoquer la volonté du testateur pour être dispensé du rapport.

Si un enfant émancipé avait été institué conjointement avec un étranger, et si un autre enfant en puissance avait été exhérédé, ce dernier pouvait attaquer le testament paternel comme inofficieux. La plainte d'inofficiosité n'était dirigée que contre l'étranger, car l'institution du fils émancipé était par elle-même très-juste. Il arrivait alors que le testament n'était infirmé qu'en partie ; l'enfant exhérédé injustement arrivait comme héritier direct et ab intestat ; l'enfant émancipé, au contraire, y venait en vertu du testament qui produisait un effet partiel. C'était une exception à cette règle si souvent citée, qu'une succession ne pouvait être déférée partie par testament et partie ab intestat. Dans cette hypothèse, l'enfant émancipé ne devait pas le rapport, et cela pour deux raisons : parce que d'abord il arrivait à la succession en vertu du testament du père, et qu'ensuite son frère était appelé à cette succession à un titre différent (Papin., L. 6, Dig., de dotis collat.).

Il y a plus : si l'émancipé était seulement institué légataire par le testament paternel, et qu'en demandant la possession de biens contra tabulas il n'obtienne pas plus qu'il n'aurait obtenu par son legs, il n'est pas assujetti au rapport. Il en est de même pour les simples fidéicommis (Ulp., L. 1, § 7, Dig., de collat. bon.; L. 16, au Cod., de collat.).

Si l'enfant, au lieu d'avoir été émancipé, avait été donné en adoption, ou si après son émancipation il s'était lui-même donné en adrogation, et qu'à la mort de son père naturel il se trouvât encore dans la famille adoptive, il ne pouvait arriver à la succession du père naturel, ni comme héritier du droit civil, ni comme héritier prétorien par la possession de biens unde liberi (Inst. de Just., § 10 et suiv., de hæred., quæ ab intest. deferuntur, et § 4, de exheredatione liberorum). Il ne pouvait non plus se plaindre quand il avait été omis dans le testament de son père ; il n'avait pas de possession de biens contra tabulas. Mais l'enfant sorti de la famille par l'adoption pouvait être institué héritier par le père naturel, il arrivait alors à la succession en vertu du testament. Les textes nous disent que l'enfant adoptif est soumis au rapport. Au premier abord on ne comprend pas bien comment cela peut arriver, car de deux choses l'une : ou bien l'enfant sorti de la famille par l'adoption est omis dans le testament du père naturel, alors il n'arrive pas à la succession et il ne peut être question de rapport; ou bien il est institué héritier, et dans ce cas encore il semble qu'on ne puisse pas exiger de lui le rapport, puisque les héritiers testamentaires en sont dispensés. Cette difficulté n'est qu'apparente, et on peut facilement trouver des cas où l'enfant adopté est soumis au rapport : ce sera d'abord quand le père, en l'instituant héritier conjointement avec les autres enfants restés en puissance, ne l'aura institué qu'à la charge de faire le rapport; ce sera encore lorsque le fils donné en adoption étant institué tandis que le fils resté en puissance a été omis, tous deux viendront demander la possession de biens *contra tabulas*, et que le fils donné en adoption obtiendra plus, par cette possession de biens, qu'il n'aurait eu en vertu de l'institution (Ulp., L. 1re, § 14, Dig., *de collat.*; L. 2 et 3, Dig., *de collat. dotis;* L. 8, § 11, *de bonorum possess. contra tabulas*) (1).

Le rapport est dû à celui-là seul qui éprouve un préjudice par le concours de l'émancipé, et il n'est dû que dans la proportion du préjudice causé. C'est ce que Cujas résume très-bien en ces termes : *Ei cui nihil aufertur, nihil confertur, et ei*

---

(1) Cujas, ad. 1, 1, § 14, t. 4, pars post., c. 96. — Vinnius, de collat., cap. 4, n° 12.

cui aliquid aufertur, pro modo ejus quod aufertur etiam con-
fertur (1).

En conséquence, s'il y a un fils en puissance institué par le
testament du père pour la totalité de la succession, et un enfant
émancipé venant demander la possession de biens *contra ta-*
bulas et enlevant ainsi à son frère moitié de la succession paternelle à laquelle il était seul appelé, l'émancipé doit remettre
à son frère moitié de ses biens propres. De même, s'il y avait
deux fils en puissance et un émancipé, comme alors l'émancipé
prenant un tiers de la succession diminuerait d'un tiers la portion
héréditaire de chacun de ses deux frères, il devra remettre à
chacun d'eux un tiers de ses biens personnels. En définitive, dans
toutes ces hypothèses, les choses se passent comme si l'émancipation n'avait pas eu lieu. L'émancipé doit remettre à la masse
commune tous ses biens propres, et ensuite il prendra dans les
biens ainsi rapportés, comme dans les biens héréditaires, une
part virile (Ulp., L. 1, § 24; D., *h. t.*)

Supposons qu'un père de famille ait fait un testament dans
lequel il a institué pour trois quarts son fils en puissance, et
pour le dernier quart un étranger; mais il y avait en même
temps un émancipé qui était omis, et qui vient demander la possession de biens *contra tabulas;* le testament tombant, l'étranger est écarté, et chacun des enfants obtient par la possession
de biens *contra tabulas* moitié de la succession; dans quelle
proportion l'émancipé devra-t-il le rapport? Ulpien, ne faisant
du reste que rapporter l'opinion de Julien, nous dit : *Pro qua-*
drante tantum emancipatum collaturum Julianus ait. Ces
mots du texte ont été entendus diversement par les interprètes.

---

(1) Cujas, t. iv, pars post., c. 88.

Les uns disent : L'émancipé doit rapporter un quart, parce que l'héritier sien étant appelé par le testament à prendre trois quarts, et n'obtenant plus que moitié par suite du concours de l'émancipé, se voit ainsi enlever un quart de la succession. Cujas, au contraire, dit : L'émancipé doit rapporter un tiers de ses biens personnels, parce qu'en enlevant à son frère un quart sur trois que lui attribuait le testament, il lui enlève ainsi en réalité un tiers de ce qui lui revenait. Et peu importe que ce tiers forme le quart de l'hérédité totale ; c'est seulement d'après le préjudice éprouvé par l'héritier sien que se détermine la proportion dans laquelle est dû le rapport. Ulpien ne dit pas qu'il faut rapporter un quart ; il dit, ce qui est bien différent, que c'est dans la proportion du quart enlevé que doit se faire le rapport, *pro quadrante emancipatum collaturum*. Or, comme ce quart enlevé à l'héritier sien forme le tiers de ce qui devait lui revenir d'après le testament, c'est donc un tiers de ses biens personnels que l'émancipé doit lui rapporter. Ce qui, du reste, confirme cette interprétation de Cujas, c'est ce qui a lieu dans un cas particulier auquel notre texte renvoie précisément. Supposons un fils en puissance, un autre émancipé mais ayant déjà lui-même au moment de son émancipation deux enfants qui sont restés sous la puissance de leur aïeul. A la mort du père de famille, le fils en puissance prend la moitié de la succession ; les deux petits-fils appelés par représentation de leur père devraient prendre l'autre moitié, mais le préteur ordonne que la moitié qui leur est ainsi dévolue soit partagée entre eux et leur père émancipé, de telle sorte que le père ait moitié de cette moitié et les petits-enfants l'autre moitié. Ici le père émancipé ne prend qu'un quart de la succession. Est-ce un quart seulement de ses biens propres qu'il devra rapporter à ses enfants ? Non. Comme

ceux-ci voient leur portion héréditaire diminuée de. moitié, ils
peuvent demander à leur père moitié de ses biens personnels
(Ulp., L. 1 et 14, D., *cum emancip. conjungendis liberis*) (1).

Il faut cependant noter deux cas où l'émancipé rapporte plus
qu'il ne prend dans la succession. Supposons deux fils émancipés
et deux autres en puissance; les émancipés prennent chacun
un quart de la succession, et cependant ils devront remettre à
chacun des héritiers siens un tiers de leurs biens personnels.
Cela tient à ce que les émancipés entre eux ne peuvent pas profiter du rapport. Les enfants en puissance prennent seuls part
aux biens rapportés, et les émancipés pour le rapport ne sont
comptés que pour un (§ *ult.*, L. 1, 2, § *si her.*; L. 9, § *quo-
tiens*, D., *de collat. bon.*).

L'autre cas se présentera lorsque deux petits-fils émancipés
viendront par représentation de leur père demander la possession
de biens sur la succession de leur aïeul, concurremment avec un
fils resté en puissance. Le fils en puissance prend moitié; les
deux petits-fils émancipés succédant par souche prennent ensemble l'autre moitié, de sorte que chacun d'eux a, en définitive,
un quart de la succession. Mais néanmoins chacun doit remettre à
l'héritier sien moitié de ses biens propres; car les deux ensemble, tant pour succéder que pour rapporter, ne sont comptés que
pour une tête (L. 7, D., *h. t.*).

Il pouvait se présenter des hypothèses où l'enfant émancipé,
tout en demandant la possession de biens, ne causait aucun préjudice aux héritiers siens; alors il était dispensé du rapport. Les
textes nous indiquent deux cas où cela pouvait se présenter.

---

(1) Cujas, observ., l. 3, cap. 29, et recit. solem. ad. l. 1, de collatione,
t. ιv, pars post., c. 88.

Ainsi, par exemple, un père a fait un testament dans lequel il a institué son fils en puissance pour un quart seulement, et un étranger pour les trois autres quarts. Le fils émancipé se trouvant omis demande la possession de biens *contra tabulas*; l'enfant en puissance se joint à lui, alors le testament tombe et l'étranger est écarté. L'enfant en puissance obtient moitié de la succession au lieu du quart que lui assignait le testament. Il gagne donc à la présence du fils émancipé, et par conséquent il ne peut exiger de lui le rapport.

Autre hypothèse : Un père exhérède le fils qu'il a sous sa puissance; il institue un étranger et omet un fils émancipé. L'étranger ne fait pas adition d'hérédité, sachant que l'emancipé viendra lui enlever la succession par la possession de biens *contra tabulas*. Le testament étant ainsi déserté, l'enfant exhérédé vient en concours par son titre d'héritier du droit civil ou par la possession de biens *unde liberi* avec l'émancipé qui lui, du reste, continue toujours à invoquer la possession de biens *contra tabulas*. Le rapport peut-il être exigé de l'émancipé? Non, répond le jurisconsulte Tryphoninus ; car, dans ce cas, si le fils en puissance arrive à la succession, ce n'est que grâce à l'émancipé, à cause duquel l'étranger institué n'a pas voulu faire adition d'hérédité (L. 20, § 1, Dig., *de bon. possess. cont. tabulas;* Cujas, t. ɪᴠ, pp., c. 88).

Il nous reste une dernière question à examiner. Le droit de demander le rapport est-il transmissible aux héritiers? Julien résout cette question par une distinction. Il dit : Si l'héritier sien ayant droit au rapport meurt après avoir obtenu la possession de biens, alors la faculté de demander le rapport est transmise à l'héritier en même temps que l'avantage de la possession de biens. Mais si, au contraire, l'héritier sien est mort sans avoir demandé la possession de biens, son héritier ne peut plus l'obtenir. Il n'est pas pour cela repoussé de la succession, car l'héritier sien en était en quelque sorte saisi, et il n'avait pas besoin de faire adition pour avoir droit à sa part héréditaire. Mais nous savons que pour que l'héritier sien pût demander le rapport, il fallait d'après l'édit prétorien qu'il laissât de côté son titre d'héritier du droit civil pour demander la possession de biens. Or le droit de demander la possession de biens n'étant pas transmissible, l'héritier de l'héritier sien prenait bien la portion afférente à son auteur, mais ce n'était pas par la possession de biens, et dès lors il ne pouvait demander le rapport. Cependant Cujas dit que par analogie de la décision de Scævola dans la loi 10, pour un cas à peu près analogue, on devrait ici par une raison d'équité admettre le rapport, bien qu'il ne pût être demandé d'après les termes rigoureux de l'édit (L. 1, § 8, Dig., de collat.) (1).

§ 3. — Quels biens sont soumis au rapport.

Sont soumis au rapport tous les biens qui auraient été acquis au père de famille sans l'émancipation ; cela ne peut comprendre, par conséquent, que les biens qui se trouvaient déjà acquis par le fils émancipé au moment du décès du père de famille ; quant à ceux qui lui adviennent postérieurement, ils sont nécessairement affranchis du rapport, car en supposant même que l'émancipation n'eût pas eu lieu, ils n'auraient pas été pour cela acquis au père de famille (L. 15, Cod., de collat.).

Le fils émancipé doit encore rapporter les biens qu'il a perdus

---

(1) Cujas, t. iv, p. post., c. 93.

par son dol, car il ne peut par fraude apporter un préjudice à ses frères en puissance. Pour les biens qu'il a manqué d'acquérir, il n'en est pas dû de rapport, car l'émancipé n'était pas tenu d'acquérir, et en manquant de le faire, il s'est causé un préjudice à lui-même (Ulp., L. 1, § 23, Dig., *de collat.*). Quant aux biens que l'émancipé a perdus sans sa faute, même après la mort du père de famille, ils ne doivent pas non plus être rapportés. En effet, tout doit se passer ici d'après l'équité, et on ne peut équitablement ordonner à un héritier de rapporter des biens qui ont péri sans aucune faute et sans aucun dol de sa part (Paul, l. 2, § 2, *h. t.*).

Le rapport ne doit pas non plus comprendre les biens acquis par l'émancipé au service militaire, et qui auraient composé pour lui le pécule castrens, s'il était resté sous la puissance de son père. En effet, les fils en puissance conservant en propre leur pécule castrens, il n'aurait pas été juste d'en imposer le rapport aux émancipés (L. 1, § 15, Ulp.). Dans le même texte, il est question aussi du pécule quasi-castrens, c'est-à-dire des biens acquis par les fils de famille dans l'exercice de certaines fonctions et qui devaient, comme les biens acquis au service militaire, leur rester propres et échapper au droit de propriété du père de famille. Mais c'est là une interpolation évidente de Tribonien ; car au temps d'Ulpien il n'était pas encore question du pécule quasi-castrens qui ne fut introduit que sous Constantin (1).

Les interprètes citent certains textes qui feraient exception à cette règle que les émancipés ne rapportent que les biens dont ils avaient la propriété au moment du décès du père de famille (2).

(1) Pandectes de Pothier, de collat., art. III, § 1, n° 14,

(2) Pandectes de Pothier, de coll., art. III, § 2.

Il n'y a dans tous ces cas, comme nous allons le voir, que des exceptions apparentes, et ils confirment bien plutôt la règle dont nous parlons qu'ils n'y dérogent. Ainsi, un père meurt, laissant un fils en puissance, et un autre émancipé, mais qui au moment du décès est prisonnier de guerre chez l'ennemi ; par sa captivité, l'émancipé a perdu son état d'homme libre et de citoyen, il ne compte plus dans la cité, il est l'esclave, même aux yeux de la loi romaine, de ceux qui le retiennent captif ; mais s'il parvient à s'échapper, il sera, par suite de la fiction du *postliminium*, considéré comme n'ayant jamais perdu ses droits civils, il est réintégré rétroactivement dans son état primitif ; alors il pourra arriver à la succession de son père par la possession de biens, et il devra faire le rapport de ses biens, quoiqu'il n'en ait pas été propriétaire au décès de son père, à cause de sa captivité (Ulp., L. 1, § 17).

Une hypothèse à peu près analogue se présente dans le cas où un posthume obtient la possession de biens. Ainsi, un père de famille meurt laissant des enfants en puissance, l'un de ses enfants émancipés est prédécédé laissant sa femme enceinte ; l'enfant ne naît qu'après le décès de son aïeul, mais comme il était déjà conçu à l'époque du décès, il obtiendra la possession de biens par représentation de son père ; il devra en conséquence rapporter son patrimoine, encore bien qu'il n'en ait pas été propriétaire au décès de l'aïeul, puisqu'il n'était pas né. Mais puisqu'on le considère comme né au moment du décès, par application de la maxime : *Infans conceptus pro nato habetur quoties de commodis ejus agitur*, et qu'on le fait ainsi arriver à la succession, il faut, pour être logique, lui imposer le rapport (Paul, L. 2, princip., Dig., *de collat.*).

Un autre exemple est encore fourni par le § 22 de la loi 1re.

Un émancipé appelé à la succession de son père par la possession de biens, a lui-même un fils qui possède un pécule castrens. Ce fils meurt sans avoir fait de testament; son père recueille alors le pécule non par droit de succession, mais plutôt par une espèce de droit de propriété qui s'ouvre rétroactivement; il est censé avoir toujours été propriétaire des biens qui composaient le pécule castrens de son fils, il en doit alors le rapport comme pour ses autres biens personnels.

Ce ne sont pas seulement les biens corporels qui sont soumis au rapport, c'est tout l'ensemble du patrimoine; les créances et les actions s'y trouvent par conséquent comprises. Pour les actions, il faut faire une distinction: celles-là seulement sont soumises au rapport, qui ne sont pas personnelles à l'émancipé et peuvent être par conséquent cédées ou transmises. Paul et Ulpien citent comme exemples l'action *furti* (L. 2, § 4), et l'action donnée à l'adrogé impubère sur les biens de l'adrogeant, dans le cas où celui-ci l'a émancipé injustement et ne l'a pas institué dans son testament (L. 1, § 21, Dig., *h. t.*). Les actions au contraire qui ne sont cessibles ni transmissibles ne sont pas passibles du rapport: telle est par exemple l'action d'injure (Paul, L. 2, § 4, *h. t.*).

Les créances conditionnelles sont soumises également au rapport, même lorsque la condition ne vient à se réaliser qu'après la mort du père de famille, et cela à cause de l'effet rétroactif de la condition accomplie. Il en est autrement pour les choses léguées conditionnellement, et qui ne se trouvent acquises à l'émancipé que postérieurement au décès du père de famille; car dans les legs, la condition accomplie n'a pas d'effet rétroactif. La chose léguée à l'émancipé sous cette modalité, *cum pater mo-*

rietur, est rapportable parce qu'elle est acquise à l'émancipé un instant de raison avant le décès du père de famille, et elle serait tombée dans le patrimoine de ce dernier sans l'émancipation (L. 1, § 18, *h. t.*). Mais s'il avait été laissé quelque chose au fils émancipé par fidéicommis à la charge du père institué héritier, et sous cette même modalité, *cum pater morietur*, la chose ainsi laissée, à la différence de ce qui a lieu dans le cas précédent, ne serait pas rapportable ; car alors le fidéicommis serait inutile, et telle ne doit pas avoir été l'intention de celui qui l'a fait.

Les biens qui sont affectés à une certaine destination ne sont pas rapportés par l'émancipé. Telle est, par exemple, la dot que lui a apportée son épouse. Il n'en doit pas le rapport, bien qu'il en soit propriétaire, parce qu'elle ne lui a été donnée que pour soutenir les charges du mariage. Il faut même aller plus loin et dire que si la femme était prédécédée de telle sorte que le mari eût gagné la dot définitivement, il ne serait pas tenu pour cela de la rapporter ; il la conserverait comme indemnité des charges du mariage qu'il a eu à supporter (Ulp., L. 1, § 20, Dig. *h. t.*). Du reste par voie de conséquence, le fils héritier sien qui avait reçu une dot de sa femme la prélevait à la mort du père de famille.

De même, si le père avait donné ou promis à son fils une certaine somme pour faire face aux dépenses d'une dignité ou d'une magistrature qui lui était incombée, cette somme n'était pas rapportable, le fils la conservait par préciput à raison des charges que lui imposait la dignité (Ulp., l. 1, § 16, *h. t.*). La loi 20, au Code *de collat.*, n'est pas contraire à cette décision lorsqu'elle assujettit au rapport ce qui a été donné au fils pour l'achat d'un emploi, d'un office (*militia*). Il ne s'agit plus ici d'une dignité purement honorifique, imposant des charges à celui qui en est investi; mais il est question d'un office cessible et transmissible, et auquel est attaché un traitement pris sur le trésor public (1).

Le rapport, frappant l'universalité du patrimoine de l'émancipé, ne doit avoir lieu que déduction faite d'une somme suffisante pour acquitter les dettes qui sont la charge de la masse. En effet, c'est un principe vulgaire qu'il n'y a de biens que déduction faite des dettes : *Non intelliguntur bona nisi ære alieno deducto* (l. 6, Cod., *de collat.*). Pour les dettes conditionnelles, la déduction ne se fait pas immédiatement, mais l'héritier sien donne caution à l'émancipé pour le cas où celui-ci viendrait à être poursuivi une fois la condition réalisée (L. 2, § 1, D., *h. t.*).

Si le fils émancipé a des biens qui ne sont pas soumis au rapport, comme le pécule castrens par exemple, il se fait une répartition des dettes entre la masse des biens rapportables et celle des biens non rapportables.

Il est bon de remarquer ici que les biens donnés à l'émancipé par le père sont rapportés, non pas comme biens donnés, mais uniquement comme biens personnels de l'émancipé, en tant qu'ils existent encore dans son patrimoine, et sous la déduction des dettes provenant même d'une cause étrangère à la donation. C'est là une différence notable entre la *collatio bonorum*, dont nous nous occupons en ce moment, et les rapports à succession tels qu'ils seront organisés plus tard.

§ 4. — Du rapport de la dot.

Jusqu'à présent nous n'avons pas parlé du rapport de la

---

(1) Cujas, Observ., liv. 3, chap. 29. — Viunius, tract. de coll., cap. 13, n° 16.

dot, parce qu'il y a sur ce point des règles spéciales qui demandent à être exposées séparément.

C'était à Rome une obligation pour le père de doter sa fille, obligation qui n'était pas purement naturelle, mais à l'exécution de laquelle il pouvait être contraint par le magistrat. La dot constituait, même pour la fille en puissance, une espèce de patrimoine personnel qui ne pouvait lui être enlevé par le père de famille. Le mari pendant le mariage était bien propriétaire des biens dotaux, mais c'était un droit de propriété tout particulier qui laissait coexister celui de la femme. L'épouse, dans le cas de prédécès du mari, ou dans le cas de divorce, réclamait sa dot qui lui était restituée afin qu'elle pût convoler à une seconde union.

Si une fille émancipée avait reçu une dot, elle en devait le rapport comme de tous ses autres biens personnels, dans le cas où elle venait à la succession paternelle concurremment avec les héritiers siens, au moyen de la possession de biens. Ce n'était là que l'application de la règle générale. Quant à la fille en puissance qui avait été dotée, elle n'était soumise au rapport qu'autant qu'elle demandait la possession de biens, ce qu'elle devait bien se garder de faire, puisque son titre d'héritière du droit civil lui suffisait pour arriver à la succession du père de famille. L'égalité se trouvait donc fréquemment rompue entre les héritiers siens; car les filles conservaient en propre leurs dots qui, le plus souvent, avaient été prises sur les biens paternels. Il y avait sur ce point de la législation une lacune qui fut comblée par une constitution d'Antonin-le-Pieux (Ulp., l. 1, Dig, *de coll. dotis*). Antonin-le-Pieux décide que la fille en puissance sera tenue de rapporter sa dot, soit qu'elle demande la possession de biens, soit qu'elle s'immisce seulement dans la succession paternelle, se contentant de son titre d'héritière du droit civil.

Il était jusqu'à un certain point injuste de faire profiter la fille en puissance du rapport de la dot qui avait été effectué par une fille émancipée, et de ne pas admettre à l'inverse que la fille émancipée pourrait profiter du rapport fait par la fille en puissance. Que du fils en puissance à l'émancipé il n'y ait pas eu de rapport, cela se conçoit, car les fils de famille, outre leur pécule castrens, n'avaient rien en propre et qui pût par conséquent être rapporté ; quant au pécule castrens, l'émancipé n'en devait pas le rapport. Mais pour les dots il n'en était pas ainsi : les filles émancipées étant assujetties au rapport, il paraissait juste d'y soumettre aussi les filles en puissance. Toutefois il y eut sur ce point des difficultés qui ne furent tranchées que par une constitution de l'empereur Gordien (l. 4, au Cod., *de collat.*). L'empereur fait une distinction : les enfants émancipés ne pourront demander le rapport que de la dot profectice, c'est-à-dire de celle constituée par le père de famille ; quant aux enfants en puissance, ils peuvent demander le rapport, tant de la dot profectice que de la dot adventice. La raison de cette différence paraît être celle-ci : on ne voulut pas que la fille en puissance fût frappée d'un double préjudice en voyant ses frères émancipés venir concourir avec elle à la succession paternelle dont ils étaient exclus par le droit civil, et demander ensuite le rapport d'une dot qui n'avait pas été constituée par le père. Quant à la dot profectice, comme elle avait été prise sur les biens paternels, et qu'elle en faisait encore jusqu'à un certain point partie, le père pouvant, en cas de prédécès de sa fille, la réclamer par droit de retour, il parut juste d'en imposer le rapport, même au profit des émancipés.

Il n'y a jamais eu de doute sur le point de savoir si la faculté de demander le rapport de la dot était transmissible aux héritiers. Ici il ne pouvait y avoir la même difficulté que pour le rapport ordinaire, puisque la *collatio dotis* avait lieu même entre héritiers siens qui n'avaient pas demandé la possession de biens, mais qui arrivaient à la succession en s'appuyant sur la qualité qu'ils tenaient du droit civil (l. 11, Cod., *de collat.*).

Ce qui différencie le rapport de la dot du rapport ordinaire, c'est que : 1° la *collatio dotis* peut être exigée d'une fille encore en puissance, et qui par conséquent est héritière sienne ; et 2° qu'elle profite même aux enfants émancipés. Au contraire, la *collatio bonorum* est impossible entre les héritiers émancipés.

Une différence encore plus importante, c'est que le rapport de la dot, frappant sur des biens particuliers et non plus sur une universalité, comme le rapport des biens, il ne doit pas se faire de déduction des dettes. Les seules dettes qui puissent être déduites sont celles qui auraient été imposées par la constitution de dot, et qui en seraient ainsi une charge inhérente. Il doit être aussi tenu compte à la fille opérant le rapport de sa dot, des dépenses nécessaires, c'est-à-dire faites pour la conservation des biens dotaux, et qui ont pour ainsi dire diminué la dot de plein droit. Quant aux biens dotaux aliénés, la valeur doit en être rapportée.

Sauf ces différences, nous retrouvons pour la *collatio dotis* à peu près les mêmes règles que pour la *collatio bonorum*. Ainsi, par exemple, la fille instituée héritière par le testament paternel ne doit le rapport qu'autant qu'il lui a été imposé par ce testament. De plus, si l'institution ne pouvait recevoir son exécution parce qu'un autre enfant avait été omis dans le testament, la fille ne devait rapporter sa dot qu'autant qu'elle aurait voulu prendre ab intestat une part plus forte que celle que lui attribuait son institution. Les mêmes règles s'appliquent à la fille donnée en adoption et qui est instituée héritière dans le testament de son père naturel (*de dotis collat.*, L. 2 et 3).

Enfin, les filles émancipées qui répudient la possession de biens, et les filles en puissance qui ne s'immiscent pas à la succession paternelle, sont affranchies du rapport; et non-seulement elles conservent en propre les dots qui leur ont été données, mais elles peuvent même exiger des héritiers du père les dots qui n'ont été que promises et n'ont pas encore été payées (**L. 9, D.**, *de dotis collat.*).

§ 5. — Comment se fait le rapport.

Les textes des Pandectes nous indiquent plusieurs manières dont pouvait se faire le rapport. Le premier mode, celui donné par l'édit prétorien, c'est la dation de sûretés (*cautio*). Mais que doit-on entendre ici par *cautio*? Quelles sont les sûretés qui devront être fournies? C'est d'abord la fidéjussion. L'émancipé qui doit le rapport fournit à ses cohéritiers des fidéjusseurs qui cautionnent son obligation. L'obligation des fidéjusseurs est conditionnelle, et la condition est réalisée lorsque après un délai suffisant, qui est du reste arbitré d'après l'équité, l'émancipé n'a pas encore rapporté ses biens propres. Du reste, comme le remarque Vinnius, c'est parler très-improprement que de dire que le rapport peut se faire au moyen de sûretés (*cautione*). En effet, une fois que les sûretés sont données, le rapport n'est pas pour cela effectué, il n'est que garanti (Ulp., L. 1, § 9, *h. t.*).

L'émancipé pourrait-il au lieu de fidéjusseurs fournir des gages et hypothèques pour la garantie du rapport? Ce qui faisait difficulté sur ce point, c'était la loi 7, *de prœtoriis stipulationi-bus*. D'après ce texte, toutes les satisdations prétoriennes de-vaient se faire par l'intervention des fidéjusseurs. Néanmoins, Pomponius et Ulpien après lui décident que par ce terme vague, *cautio*, le préteur a entendu aussi bien les sûretés résultant de gages ou hypothèques que celles résultant de l'engagement per-sonnel des fidéjusseurs. Ils admettent donc que le rapport peut être garanti par des gages ou hypothèques (L. 1, § 9, Dig., *de coll.*).

Quoique l'édit du préteur n'indiquât pour le rapport que le mode dont nous venons de parler, c'est-à-dire la dation de sûre-tés, Pomponius et Ulpien n'hésitaient pas à dire que le rapport pouvait aussi se faire immédiatement en nature (*re*). L'émancipé pour cela partageait avec ses frères ses biens personnels en même temps que les biens héréditaires (Ulp., L. 1, § 2, D., *h. t.*).

Le rapport pouvait encore se faire : 1° en moins prenant, l'émancipé laissant à ses frères, sur ce qui lui revenait de la suc-cession paternelle, biens corporels ou créances, une valeur égale à celle des biens qu'il devait rapporter ; 2° au moyen d'une espèce de *datio in solutum*, l'émancipé donnant à ses frères un fonds par exemple, en compensation de ce qu'il devait rappor-ter (Ulp., L. 1, § 12, D., *h. t.*).

Enfin, le rapport se faisait quelquefois par libération ou ac-ceptilation ; c'est ce qui avait lieu spécialement dans le cas où une dot constituée à une fille par la *dictio*, ou *promissio dotis*, ne lui avait pas encore été payée. Nous reviendrons plus loin sur ce dernier mode.

A propos des textes que nous venons de citer, les interprètes se sont demandé si l'émancipé pouvait, à son choix, faire le rapport en nature ou en moins prenant, ou bien encore rapporter seulement la valeur estimative. Vinnius (1) dit qu'en principe le rapport est dû en nature; qu'un débiteur ne pouvait, malgré son créancier, payer une chose à la place d'une autre, il est naturel de décider que l'émancipé qui est, d'après l'édit, astreint à remettre ses biens propres dans la masse, ne doit pas, malgré la volonté contraire de ses frères, les forcer de se contenter d'une valeur en argent ou à prendre sur les biens héréditaires. Vinnius restreint le texte d'Ulpien où il est question du rapport fait en moins prenant ou au moyen d'une *datio in solutum*, au cas où tous les cohéritiers sont d'accord entre eux, ou bien encore au cas où le rapport en nature serait impossible parce que l'émancipé n'aurait plus entre les mains la chose sujette au rapport.

Si l'on peut déterminer de suite la masse des biens rapportables, il sera plus simple d'effectuer le rapport en nature; mais comme nous le savons, la *collatio bonorum* frappait l'universalité du patrimoine de l'émancipé; il pouvait être difficile de constater la consistance de cette universalité; il pouvait en outre y avoir dans cette masse des créances à terme, éventuelles ou conditionnelles. Pour parer à toutes les difficultés, le rapport s'opérait en nature pour les biens dont on pouvait déterminer immédiatement la consistance, et pour le surplus l'émancipé donnait des fidéjusseurs ou des gages (L. 1, § 11).

Pour la dot, qui se composait ordinairement d'objets particuliers, il était plus facile d'en constater la consistance; si elle avait déjà été restituée à la femme à cause du divorce ou du prédécès du mari, le rapport pouvait se faire immédiatement en nature.

_____

(1) Vinnius, de coll., cap. xvi, n° 2.

Mais tant que le mariage subsistait, et que la mauvaise admi-
nistration du mari ne mettait pas la dot en péril, la femme ne
pouvait la réclamer ; alors le rapport se faisait en moins prenant,
de sorte qu'en définitive la femme se trouvait être dotée de ses
biens personnels (L. 5, au Code, *de collat.*).

Lorsque le mari était insolvable, la femme n'avait pour la
répétition de sa dot qu'une action illusoire. Devait-elle néanmoins rapporter la valeur de la dot qui lui avait été constituée,
bien qu'elle fût dans l'impossibilité de retrouver cette valeur en
agissant contre son mari ? Ulpien (L. 1, § 6, Dig., *de dot. coll.*)
dit que la femme ne devait rapporter que ce qu'elle pouvait recouvrer du mari. Justinien, dans la novelle 97, chap. 6, résout
cette question par une distinction très rationnelle. Si c'est par sa
faute que la femme a perdu sa dot, c'est-à-dire si pouvant agir
contre son mari à un moment où il était encore solvable, elle a
négligé de le faire, c'est alors sur elle que doit retomber la perte.
Mais si la fille dotée était encore sous la puissance de son père,
elle ne pouvait, au moins quand sa dot était minime, intenter
l'action sans le concours et le consentement de son père. Si
donc celui-ci avait refusé son consentement, c'était par sa faute
que la perte de la dot était arrivée ; alors il n'aurait pas été juste
de faire retomber cette perte sur la fille qui avait été empêchée
d'agir par le mauvais vouloir de son père ; aussi celle-ci ne
devait-elle rapporter à la succession du père que l'action qu'elle
avait contre son mari, *licet inanem,* dit le texte, alors même
qu'il serait certain qu'on ne peut rien obtenir par cette action.
Si la dot était d'une grande valeur, la fille, quoiqu'en puissance,
pouvait en poursuivre la répétition malgré son père ; alors elle
devait imputer à elle seule de ne l'avoir pas fait ; aussi était-elle
tenue de rapporter la valeur de la dot qui lui avait été consti-

tuée. Cette doctrine est remarquable parce qu'elle a passé dans la jurisprudence des parlements du droit écrit. Nous en retrouvons des traces dans l'art. 1573 du Code Napoléon, article qui, comme l'indique son origine romaine, est tout à fait spécial au régime dotal.

Nous avons parlé plus haut du rapport s'opérant par libération ou acceptilation : c'est ce qui avait lieu dans le cas où une dot avait été constituée par diction ou promesse, et n'avait pas encore été payée au décès du *de cujus*. Ainsi un père promet une dot à sa fille émancipée ou en puissance ; il meurt laissant pour recueillir sa succession, outre sa fille, deux fils en puissance. Comment la fille dotée fera-t-elle le rapport à ses frères ? Les choses se passeront de la manière suivante : l'obligation de fournir la dot qui grevait le père de famille s'est divisée de plein droit à son décès entre ses héritiers, c'est-à-dire entre la fille et ses deux frères. La fille devra libérer ses frères de la part dont ils sont tenus dans cette obligation, de telle sorte que la dot retombe à sa charge exclusive. Si le mariage subsiste encore, c'est au mari que compète l'action contre les héritiers du père pour obtenir la dot promise ; s'il refuse son concours, la femme ne pourra pas libérer ses frères, mais elle devra au moins les garantir contre les poursuites que le mari voudrait exercer (Ulp., L. 1, § 8, Dig., *de dot. coll.*; c. 2, au Code, *de collat.*)

Il nous reste à examiner quelle était la sanction du rapport. Paul, dans ses *Sentences*, L. 5, t. 9, § 4, semble dire que le fils émancipé qui voulait obtenir la possession de biens devait au préalable faire le rapport, soit en nature, soit au moins par des sûretés données aux autres héritiers. Le même jurisconsulte Paul, dans un fragment qui forme le § 9 de la loi 2, au Dig., *de coll.*

bon., dit que si par pauvreté, *propter inopiam*, l'émancipé ne peut fournir des garanties pour le rapport, on ne devra pas immédiatement le faire déchoir du droit de demander la possession de biens, mais que les choses devront rester en suspens jusqu'à ce qu'il puisse trouver des fidéjusseurs. Ce système parut encore trop rigoureux, et semble n'avoir pas prévalu auprès des compilateurs des Pandectes, qui admirent au contraire l'opinion opposée professée par Julien (Dig., l. 3, *de collat.*). Julien montre le danger qu'il pourrait souvent y avoir pour l'émancipé si on ne lui donnait la possession de biens qu'après le rapport effectué ; en effet, que cet émancipé vienne à mourir avant d'avoir pu rapporter, son héritier ne pourrait pas demander la possession de biens. Aussi Julien décide-t-il que la possession de biens doit être accordée à l'émancipé, même avant qu'il ait effectué le rapport.

Mais si, une fois la possession de biens obtenue, l'émancipé ne fait pas le rapport, qu'arrivera-t-il ? Il faut ici distinguer plusieurs hypothèses. Si c'est par pauvreté que l'émancipé ne peut fournir de sûretés pour la garantie du rapport, on nomme un curateur à la portion de biens qui lui est échue. Ce curateur recevra les sommes provenant de la vente des choses héréditaires, et ne les remettra à l'émancipé qu'après qu'il aura fait le rapport de ses biens personnels (L. 1, § 10, *h. t.*).

Si c'est par mauvaise volonté que l'émancipé ne fournit pas caution, on lui refuse les actions héréditaires ; mais il peut les recouvrer et être réintégré dans le bénéfice de la possession de biens en offrant ensuite de donner caution, surtout s'il est encore dans le délai pendant lequel la possession de biens peut être demandée. Une fois ce délai passé, on serait plus difficile pour restituer à l'émancipé les actions héréditaires. Il y a une appré-

— 36 —

ciation laissée au libre arbitre du magistrat (Ulp., L. 1, § 10 ;
Papinien, L. 8, h. t.)

Si de deux émancipés assujettis au rapport un seul a satisfait
à l'obligation qui lui était imposée, cela ne pourra profiter à l'autre.

Si le rapport était dû à deux héritiers siens, et que l'émancipé
ne l'ait fait qu'au profit d'un seul, devra-t-on lui refuser en
totalité les actions héréditaires ? Ulpien fait une distinction. Si
c'est par mauvaise volonté que l'émancipé ne fait pas le rapport
à l'autre héritier sien, on lui dénie en totalité les actions héréditaires ; si c'est au contraire par impossibilité que le rapport n'a
pas été effectué en totalité, on accorde à l'émancipé les actions
héréditaires pour moitié, et pour le surplus on réservera ses
droits ou on nommera un curateur (Ulp., L. 1, § 13, h. t.).

Tant que les biens héréditaires n'étaient pas partagés, les
héritiers à qui était dû le rapport avaient un moyen indirect d'y
contraindre celui qui y était obligé : c'était de l'écarter du partage.
Mais si le partage avait eu lieu sans que le rapport eût été effectué, ce moyen indirect échappait. Comment venait-on au secours
des héritiers qui avaient été trompés ? Si le partage avait été fait
à l'amiable, il pouvait en être demandé un autre en justice, et
on arrivait ainsi à faire réformer le premier (L. 3, C., comm.
utriusq. judic.). Si le partage avait été fait en justice, on avait
la ressource d'aller trouver le préteur, qui, par une espèce de
restitution, accordait de nouveau aux héritiers trompés l'action
familiæ erciscundæ ; si à cette action on avait voulu opposer
l'exception rei judicatæ, les héritiers à qui était dû le rapport
auraient pu faire rejeter cette exception par la réplique de do
(L. 8, C., de collat.; L. 20, § 4; Dig., familiæ erciscundæ) (1).

_____

(1) Cujas, t. v, c. 720.

II. Du rapport sous les empereurs chrétiens.

Des changements ayant été apportés au régime successoral et au droit d'acquisition du père de famille sur les biens de ses enfants par diverses constitutions impériales, il en résulta des modifications notables aux règles que nous venons d'exposer sur le rapport.

Constantin, par une constitution rendue en 320 (L. unique, au Cod., *de castrensi omnium palatinorum peculio*), déclara que tout ce que les officiers du palais auraient gagné dans l'exercice de leurs fonctions, ou qui leur proviendrait des libéralités de l'empereur, leur demeurerait propre et serait assimilé à ce que les soldats acquéraient au service militaire. C'est là le pécule quasi-castrens. Cette faculté d'avoir un pécule quasi-castrens fut étendue par Théodose et Valentinien aux avocats prétoriens et à divers fonctionnaires du prétoire préfectoral; par Honorius et Théodose, aux assesseurs et aux avocats de toutes les juridictions; par Léon et Anthenius, à tous les avocats plaidants pour les parties, aux évêques, aux chefs de presbytère, et aux diacres orthodoxes. Enfin, d'après une constitution de Justinien, tout ce qui provenait à un fils de famille d'une libéralité impériale, formait pour lui pécule quasi-castrens. Du moment où les fils de famille purent ainsi conserver en propre certains biens sous le nom de pécule quasi-castrens, il fut juste d'admettre que les émancipés ne seraient pas tenus de rapporter les biens qui auraient formé pour eux le pécule quasi-castrens, s'ils fussent toujours restés fils de famille. C'est aussi ce qui eut lieu, ainsi que nous l'atteste le changement que Tribonien fit subir au texte d'Ulpien qui forma le § 15 de la loi 1 au Digeste, *de collatione*.

Constantin (L. 1, au Code, *de bonis maternis*) avait aussi décidé que ce qui proviendrait aux fils de famille de la succession de leur mère leur demeurerait propre, au moins pour la nue propriété, le père ayant seulement l'usufruit. C'est là l'origine du pécule que les commentateurs ont appelé adventice (*peculium adventitium*). Arcadius et Honorius firent entrer dans le pécule adventice tout ce qui provenait au fils de famille par succession ou par libéralité des ascendants maternels (L. 2, C., *de bonis maternis*). Théodose et Valentinien appliquent la même règle à tout ce qui provenait d'un époux à l'autre (L. 3, C., *de bonis maternis*). Enfin, Justinien par la constitution 6, au Code, *de bonis quæ liberis*, etc., dit que le pécule adventice comprendra tout ce que les fils de famille acquerront par une cause quelconque, sauf ce qui leur proviendrait de leur père, *ex substantia ejus cujus in potestate sunt*. Ce qui provenait aux fils de famille *ex substantia patris* constituait le pécule appelé profectice. C'est seulement sur ce pécule que fut maintenu l'ancien droit de propriété du père de famille. Il n'avait que l'usufruit du pécule adventice, et quant aux pécules castrens et quasi-castrens, ils échappaient complétement à son droit d'acquisition, et appartenaient en pleine propriété aux fils de famille.

Il paraît y avoir eu des doutes sur le point de savoir si les émancipés devraient toujours rapporter leurs biens adventices, ou si le rapport se bornerait seulement aux biens profectices. Justinien trancha tous ces doutes par la constitution 21, au Code, *de collat.*, où il décida que les enfants émancipés ne rapporteraient pas les biens qui n'auraient pas été acquis au père de famille s'ils fussent toujours restés sous sa puissance. Le rapport est donc restreint aux biens profectices et aux fruits des biens adventices perçus par l'émancipé pendant la vie du père de famille, car ce dernier aurait gagné ces fruits sans l'émancipation ; seulement il est juste de déduire sur la valeur de ces fruits les aliments que le père aurait fournis à son fils émancipé s'il fût resté sous sa puissance (1).

Les textes que nous avons étudiés jusqu'à présent ne parlent du rapport que pour la succession du père et des ascendants paternels ; c'est que dans l'ancien droit les enfants ne succédaient ni à leur mère, ni à leurs ascendants maternels ; il n'y avait entre eux aucun lien civil de famille, et le seul lien du sang était indifférent pour régler les successions. Il y avait cependant un cas où les enfants héritaient de leur mère : c'était lorsque celle-ci, tombée *in manu mariti*, s'était trouvée dans la famille *loco filiæ*, et était devenue civilement la sœur de ses enfants. Plus tard, le préteur, pour combler les lacunes du droit civil, appela les enfants et les descendants par les femmes à succéder à leur mère et à leurs ascendants maternels comme cognats, par la possession de biens dits *unde cognati*. Des réformes plus hardies furent introduites par le sénatus-consulte Orphitien, et par une constitution des empereurs Valentinien, Théodose et Arcadius. D'après le sénatus-consulte Orphitien, rendu sous le règne des empereurs Marc-Aurèle et Commode, les enfants sont appelés à succéder à leur mère par préférence aux agnats. Valentinien, Théodose et

(1) Vinnius, Trait. de collat., chap. 11, nos 3 et 4.

Arcadius, par une constitution rendue en l'an 389, appellent les petits-enfants par les femmes à prendre dans la succession de leur aïeul maternel, la part qu'y aurait prise leur mère, mais sous la déduction d'un tiers. Le sénatus-consulte Orphitien n'avait appelé que les enfants à la succession de leur mère, la constitution des empereurs Valentinien, Théodose et Arcadius y appela les petits-enfants, toujours sous la même déduction du tiers.

Ces réformes n'amenèrent pas immédiatement le rapport dans les successions des ascendants maternels. Ce ne fut que près d'un siècle plus tard, en 467, que l'empereur Léon, par une constitution qui forme la loi 17, *de collat.*, au Code de Justinien, ordonna que dans la succession du père ou de la mère et des ascendants à quelques lignes qu'ils appartinssent, les enfants et descendants rapporteraient les dots et les donations *propter nuptias* qu'ils auraient reçues de cet ascendant. Cette constitution consacre deux innovations importantes. La première consiste dans l'obligation de rapporter les donations dites *propter nuptias*. On appelait ainsi une libéralité que le mari faisait à sa femme pour servir d'équivalent à la dot que celle-ci lui apportait. Cette libéralité dont l'usage ne s'introduisit que fort tard dans la jurisprudence romaine, devait dans l'origine se faire avant le mariage, aussi l'appelait-on donation *ante nuptias;* plus tard elle put comme la dot être augmentée et même constituée après le mariage; elle prit alors le nom de donation *propter nuptias.* Comme la dot, la donation *propter nuptias* pouvait être constituée au mari par le père, la mère, les ascendants en général et même les étrangers; c'est guidé par cette analogie que l'empereur Léon en ordonne le rapport à la succession de l'ascendant qui l'a constituée. La seconde innovation constatée par la constitution de Léon, c'est l'extension du rapport aux successions de la mère et des ascendants maternels.

Justinien, par une constitution rendue en 528 (L. 19, C., *de collat.*), tranche un doute que faisait naître la constitution de Valentinien, Théodose et Arcadius : il décide que les petits-enfants par les filles succédant à leur aïeul maternel, ou les petits-enfants, soit par les mâles, soit par les femmes, succédant à leur aïeule maternelle ou paternelle, devraient le rapport à leurs oncles et à leurs tantes des dots ou donations *ante nuptias* constituées à leurs père ou mère dans la proportion de leurs droits héréditaires, c'est-à-dire sous la déduction d'un tiers.

Nous avons vu que dans le droit romain de l'époque classique, les enfants institués étaient dispensés du rapport. Cette règle fut changée par Justinien dans la novelle 18, cap. 6, rendue en l'an 537. L'empereur craint que l'ascendant qui institue ses descendants, dans le trouble que lui causent les approches de la mort, n'oublie que certains d'entre eux ont été avantagés plus que les autres ; il impose donc le rapport aux enfants héritiers testamentaires ; toutefois, l'ascendant est libre de dispenser du rapport ; pour cela il faut une déclaration non équivoque de sa volonté. La même novelle 18 supprima la déduction du tiers imposée aux petits-enfants par les filles succédant à leur aïeul maternel ; le rapport dut se faire alors sans déduction aucune.

Enfin, par la novelle 118, Justinien refondit complétement le régime successoral. Les descendants sont appelés en première ligne à la succession de leurs ascendants, sans distinction entre les héritiers siens et les émancipés, entre les descendants par les mâles et les descendants par les femmes. Une des conséquences de cette novelle fut l'abrogation de cette partie de l'édit qui établissait le concours entre l'émancipé et ses propres enfants dans la succession paternelle, et qui par conséquent imposait le rapport à l'émancipé au profit de ses enfants (1).

Il me reste, pour terminer cette matière, à dire quelques mots du rapport des donations simples, qui a soulevé entre les anciens auteurs d'interminables controverses.

Cette question ne peut guère présenter de difficultés pour la période de la législation antérieure aux innovations de Léon et Justinien. En effet, d'après l'ancien droit, les enfants en puissance n'ayant jamais rien en propre au décès de leur père, outre les biens *castrens* et *quasi-castrens*, n'étaient pas assujettis au rapport. Les donations qui leur étaient faites par le père de famille étaient nulles, et les biens qui en faisaient l'objet, restant toujours dans le patrimoine du père, étaient partagés à son décès entre tous les héritiers comme les autres biens héréditaires (L. 18, C., *de collat.*). Seulement si le père persévérait dans sa volonté et confirmait la donation par son testament ou dans un codicille, cette confirmation avait l'effet d'un legs ou d'un fidéicommis ; le fils prenait par préciput ce qui lui était ainsi laissé, et jamais en droit romain il n'y eut de rapport pour les legs ou les fidéicommis faits par le *de cujus* (L. 18, C., *fam. ercisoundæ*). Quant aux donations faites par le père à son fils émancipé, elles étaient valables *ab initio*, et comme les émancipés rapportaient tout leur patrimoine, les biens donnés s'y trouvaient compris comme tous les autres. Il n'y a aucun texte dans les Pandectes qui fasse de distinction à cet égard.

_____

(1) Pandectes de Pothier, de cons, cum emancip. liberis.

Mais depuis Léon, le rapport est étendu à toutes les successions des ascendants. D'un autre côté, par la loi 25, *de donat.
int. virum et uxorem*, au Code, Justinien déclare que les donations faites par un père à son fils en puissance seront confirmées
rétroactivement par le prédécès du père, de sorte que l'enfant donataire sera censé avoir été propriétaire des biens donnés du jour
de la donation ; c'est alors que les difficultés commencent.

Il faut distinguer plusieurs hypothèses : ou la donation a été
faite par un père ou un ascendant paternel à son descendant en
puissance ; ou elle a été faite à un descendant émancipé ; ou elle
a été faite par la mère ou un ascendant maternel. Si dans tous
ces cas, le donateur avait imposé le rapport, sa volonté devrait
être suivie ; ou bien encore, si la donation avait été faite en
compensation de la dot ou de la donation *propter nuptias* constituée par l'ascendant donateur à ses autres descendants, elle
prendrait pour ainsi dire le caractère de dot ou de donation
propter nuptias, et serait à ce titre soumise au rapport (L. 20,
C., *de collat.*). Un autre point sur lequel tous les interprètes
sont à peu près d'accord, c'est que quand il n'y a que des
émancipés, ou bien quand il s'agit de la succession de la mère ou
des ascendants maternels, la donation n'est pas rapportable.
En effet, dans l'ancien droit, le rapport n'avait pas lieu entre
émancipés ou entre enfants succédant à leur mère ou à leur
ascendant maternel, et il n'a été imposé par les lois nouvelles
que pour les dots et les donations *propter nuptias* (L. 17, au
Cod., *de collat.*).

Mais qu'arrivera-t-il si la donation simple a été faite à un
enfant en puissance ; celui-ci devra-t-il la rapporter? Perezius,
Voët, Vinnius, disent qu'il n'y a pas lieu au rapport. Ils s'ap-
puient sur la loi 20, § 1er, qui, sans faire de distinction, semble

ne soumettre la donation simple au rapport que dans les deux cas exceptionnels que nous avons cités plus haut. Ils invoquent encore la loi 18, *familiæ erciscundæ*, au Code. Enfin, cette décision est corroborée par cette raison que la donation faite au fils en puissance n'est confirmée que par le prédécès du père de famille et ne vaut que comme donation à cause de mort, et que jamais les donations à cause de mort n'ont été déclarées rapportables.

Cujas résiste à cette interprétation ; à la loi 18, au Code, *familiæ erciscundæ*, il oppose la loi 13, au Code, *de collat.*; à l'objection que l'on tire de la loi 25, *de donat. inter virum et uxorem*, consistant à dire que la donation faite au fils en puissance n'est confirmée que comme donation à cause de mort par le prédécès du donateur, il répond avec cette même loi que la confirmation a un effet rétroactif au jour de la donation, que dès cette époque le donataire est censé avoir été propriétaire de la chose donnée.

Pour la donation faite à l'enfant émancipé, même controverse entre les interprètes. Vinnius prétend qu'elle est dispensée du rapport par la loi 20, au Code, *de collat.*, qui ne fait aucune distinction entre les enfants émancipés et les autres ; que d'ailleurs à aucune époque les émancipés n'ont dû rapporter la donation simple, parce que cette donation contient implicitement et dans la volonté du donateur une dispense du rapport.

Il serait trop long d'exposer tous les essais de conciliation tentés entre les différents textes que nous venons de citer. Je crois, quant à moi, qu'avant Justinien les enfants émancipés étaient soumis au rapport de la donation simple au profit de leurs frères en puissance. C'est ce qui semble résulter de la constitution de Léon (l. 17, *de collat.*) ; que les enfants en puissance n'ont jamais dû le rapport que pour les dots et les donations *propter nuptias;* c'est encore ce que paraissent établir les lois 17 et 20, au Code, *de collat.* Quant à la loi 18, au Code, *familiæ erciscundæ,* et à la loi 19, au Code, *de collat.,* elles devraient être écartées du débat ; ces constitutions n'ont pas trait à la question, puisque toutes deux ont été données par Dioclétien à une époque où, comme nous l'avons dit, la question ne pouvait se présenter (1).

---

(1) Cujas, obs., l. 3, cap. 29, ad codicem de collat., t. 5, col. 726. — Perezius, ad codicem de collat., n°ˢ 18 et 19. —Vinnius, Tract. de collat. cap. 15. — Voët, ad Pandectas, de collat., n° 13.

DROIT FRANÇAIS.

———⟨≡⊱⊰≡⟩———

I. Du rapport dans l'ancien droit français et notamment sous les coutumes.

Les pays de droit écrit admirent, sur le rapport, les règles résultant du dernier état de la législation romaine. L'auteur de l'article *Rapport*, au *Répertoire de jurispudence* de Merlin, après avoir exposé les principes du droit romain sur la matière qui nous occupe, ajoute : « Les provinces qui se gouvernent par le « droit écrit s'y sont conformées sans difficulté ni restriction, et « actuellement encore elles ne connaissent pas d'autres lois sur « le rapport que les règles qu'elles y ont puisées (1). »

Dans les coutumes régnait la plus grande variété. Ainsi, quelques-unes rejetaient le rapport (gouvernances de Douai, tit. 2, art. 16; Artois, 148; Hainaut, Valenciennes, art. 105 et 107). D'autres affranchissaient du rapport les donations en faveur du

_____

(1) Merlin, Rép., v° Rapport, § 1, n° 1.

mariage et y soumettaient les autres (Chauny, art. 19, pour les meubles). D'autres contenaient une disposition inverse : elles assujettissaient au rapport les donations en faveur du mariage et en affranchissaient les autres (châtellenie de Lille, tit. 2, art. 64 et 66; échevinage de Lille, chap. 10, art. 18 et 20; Douai, chap. 1er, art. 5; Orchies, chap. 1er, art. 4). D'autres enfin, sans se préoccuper de la nature des donations, en faisaient dépendre le rapport de l'état où se trouvaient les donataires au jour de l'ouverture de la succession. Elles décidaient que, si parmi les enfants il s'en trouvait un ou plusieurs qui ne fussent pas mariés, le rapport devait avoir lieu et embrasser tout ce qui y était assujetti de droit commun (Cambrésis, tit. 22, art. 27; Amiens, art. 92 et 95; Ribemont, art. 78).

Ces coutumes, qui rejetaient ainsi le rapport, ou ne l'admettaient qu'avec certaines restrictions, avaient cela de remarquable qu'il n'en était aucune qui fût absolument prohibitive et à laquelle, par conséquent, la volonté de l'homme ne pût déroger (1). Du reste, elles formaient le plus petit nombre, et leurs dispositions étaient tout à fait exceptionnelles.

Au contraire, dans le droit commun de la législation coutumière, le rapport avait lieu, mais c'était avec des réglementations bien diverses. Ainsi Pothier, sans prétendre donner une énumération complète, distingue trois classes principales des coutumes parmi celles qui admettaient le rapport. Celles de la première, qui étaient en petit nombre, telles que Nivernais, chap. 2, art. 11; Bourbonnais, art. 398; Berry, tit. 19, art. 42, permettaient aux père et mère de donner entre vifs à leurs enfants, sans charge de rapport lorsqu'ils viendraient

---

(1) Merlin, Rép., v° Rapport, § 1, nos 2, 3, 4 et 5.

à leur succession. Elles étaient pour cela appelées coutumes de préciput.

Celles de la seconde classe, qu'on appelait coutumes d'égalité, obligeaient les enfants à rapporter à la succession de leurs père et mère tout ce qui leur avait été donné, quand même ils renonceraient à leur succession (Touraine, Anjou et Maine, entre toutes personnes, Dunois, art. 65 ; Reims pour les propres, art. 320 ; Bretagne, art. 599 ; et Normandie).

Enfin la troisième classe, qui formait le droit commun des pays coutumiers et comprenait notamment les coutumes de Paris et d'Orléans, obligeait les enfants au rapport de tout ce qui leur avait été donné par leur père ou mère, lorsqu'ils venaient à leur succession ; mais elle leur permettait de garder ce qu'ils avaient reçu en renonçant (1).

Cette classification, comme l'annonce Pothier, est loin d'être complète. Ainsi, dans le droit commun des pays coutumiers, comme sous le droit romain, le rapport n'avait lieu que dans la succession en ligne directe descendante, et il n'en était pas question dans la succession des ascendants ou des collatéraux. Mais il y avait quelques coutumes cependant qui en disposaient autrement et imposaient l'obligation du rapport à l'héritier de quelque ligne qu'il fût (Touraine, 302 ; Anjou, 337 ; Maine, 349). Comme on peut le remarquer, ce sont les mêmes coutumes qui imposaient le rapport à l'héritier renonçant.

Nous avons vu aussi que dans le droit romain il n'est question du rapport que pour les choses données entre vifs et non pour les choses léguées. Les legs pouvaient être faits aux héritiers par préciput, *per præceptionem*. Il y avait pour cela, à

---

(1) Pothier, Traité des Success., chap. 4, art. 11, § 1.

l'origine, une formule consacrée. Plus tard, la nécessité des formules fut supprimée, et par conséquent tout legs qui était fait à un héritier, même en termes ordinaires, était, par cela seul qu'il s'adressait à l'un des héritiers, réputé fait par préciput. Nos anciennes coutumes ne suivirent pas cette doctrine. Presque toutes au contraire, dominées par l'esprit d'égalité, établissaient une incompatibilité absolue entre les qualités d'héritier et de légataire. Ce renversement des idées romaines ne paraissait pas rationnel à Pothier, aussi le grand jurisconsulte pense-t-il que la disposition des coutumes de Paris et d'Orléans, établissant l'incompatibilité des qualités d'héritier et de légataire, ne pouvait être étendue aux coutumes muettes.

L'incompatibilité des qualités d'héritier et de légataire établissait pour les choses léguées une espèce de rapport. « La vraie « interprétation, » dit Pothier, « de ces termes : *aucun ne peut « être héritier et légataire,* est donc celle-ci : Aucun ne peut « prétendre à titre de legs aucune chose des biens auxquels il a « part comme héritier, mais il doit laisser les choses qui lui sont « léguées et les conférer à la masse commune qu'il a à partager « avec ses cohéritiers (1). »

Chose remarquable, c'est que dans les coutumes de Paris et d'Orléans l'incompatibilité des qualités de légataire et d'héritier s'appliquait même dans les successions déférées aux ascendants ou aux collatéraux, tandis que le rapport proprement dit, le rapport des choses données entre vifs, n'était imposé qu'aux descendants venant à la succession de leurs ascendants.

Toutes ces coutumes différentes formaient autant de statuts

---

(1) Pothier, Success., chap. 4, art. 3, § 2.

réels applicables seulement aux biens situés dans l'étendue de leur ressort.

Il y avait quelques coutumes qui étaient muettes, c'est-à-dire ne contenaient aucune disposition, soit pour ordonner le rapport, soit pour le défendre. Devait-on, pour suppléer au silence de ces coutumes, se référer aux coutumes voisines ou bien au droit romain ? Ricard (*Traité des Donations*) pensait que c'était le droit romain qu'il fallait suivre. C'était aussi l'avis de Lebrun (*Traité des Success.*, liv. III, chap. VII, n° 3), et un arrêt du 2 décembre 1648 avait jugé en ce sens pour la coutume de Vermandois, sur la question de savoir si l'on devait étendre à cette coutume l'incompatibilité des qualités d'héritier et de légataire en ligne collatérale.

En résumé donc, ce qui domine dans le droit coutumier, c'est l'esprit d'égalité, et plus l'on remonte avant, plus l'on voit que cette idée est vivace. « Cette disposition, » dit Pothier en parlant de l'incompatibilité entre les qualités d'héritier et de légataire établie par les coutumes de Paris et d'Orléans, « a pour « seul fondement l'inclination de notre droit français à con- « server l'égalité entre les héritiers comme un moyen de con- « server la paix et la concorde dans les familles, et d'en exclure « les jalousies auxquelles donnaient lieu les avantages que l'on « ferait à l'un des héritiers par-dessus les autres. Il était d'au- « tant plus important de maintenir cette égalité à l'égard « d'hommes guerriers et féroces tels qu'étaient nos ancêtres, « plus susceptibles que d'autres de jalousie et toujours prêts à « en venir aux mains et aux meurtres pour les moindres « sujets (1). » Mais à mesure que l'on avance, cette idée

---

(1) Pothier, Traité des Suc., chap. 4, art. 111, § 2.

d'égalité s'affaiblit pour faire place à la faculté pour chacun de disposer librement de ses biens; c'est ainsi que les coutumes de Paris et d'Orléans arrivèrent à permettre à l'héritier renonçant de garder les libéralités qu'il avait reçues du défunt. Les coutumes qui avaient fait le plus grand pas vers cette idée dont nous parlons étaient les coutumes dites *de préciput*, où le *de cujus* pouvait, en faisant à son successible une libéralité, le dispenser du rapport.

II. Du rapport sous la législation intermédiaire.

L'esprit qui dicta toutes les lois de l'Assemblée constituante et de l'Assemblée nationale nous indique à l'avance quel dût être le sort du rapport sous l'empire de la législation intermédiaire. L'Assemblée constituante commença par proclamer l'égalité entre tous les héritiers en abolissant les priviléges de masculinité et de primogéniture (loi des 15-28 mars 1790 et des 8-15 avril 1791). On voulut aller plus loin et ne pas laisser au père de famille le pouvoir de rompre cette égalité établie par la loi. La question fut posée devant l'Assemblée constituante. Mirabeau, dans un discours lu par Talleyrand à l'Assemblée constituante quelques heures après sa mort, se demande si l'on doit refuser au citoyen qui a des enfants la faculté de choisir entre eux des héritiers privilégiés. Ici se présentait le souvenir du droit romain qui avait constitué l'autorité du père de famille sur de si fortes bases. L'illustre tribun, cet aîné d'une famille noble, victime du despotisme paternel, veut qu'on s'affranchisse enfin des tradi- -tions romaines. « Peut-être est-il temps, » dit-il, « que les « Français ne soient pas plus les écoliers de Rome ancienne « que de Rome moderne; qu'ils aient des lois civiles faites pour

« eux, comme ils ont des lois politiques qui leur sont propres ;
« que tout se ressente dans leur législation des principes de la
« sagesse, non des préjugés de l'habitude; enfin, qu'ils donnent
« eux-mêmes l'exemple et ne reçoivent la loi que de la raison
« et de la nature. Or, Messieurs, que nous dit cette nature
« dans la matière que nous discutons? Si elle a établi l'égalité
« d'homme à homme, à plus forte raison de frère à frère. Cette
« égalité entre les enfants d'une même famille ne doit-elle pas
« être mieux reconnue encore et plus respectée par ceux qui
« leur ont donné la naissance? » En conséquence, Mirabeau
proposait de décréter : « Que l'usage des donations entre vifs,
« institutions contractuelles, dispositions testamentaires sans
« charge de rapport, et généralement toute autre disposition
« tendant à déranger l'ordre des successions et à rompre
« l'égalité, fût prohibé aux ascendants envers leurs descen-
« dants, et respectivement jusqu'à concurrence de la dixième
« partie des biens, sauf la libre disposition de cette dixième
« partie en faveur des personnes étrangères. » Robespierre
appuya cette proposition posthume du grand orateur. « Vous avez
« déjà fait, » disait-il dans la séance du 5 avril 1791, « une loi
« pour les successions, laisserez-vous au caprice d'un individu
« à déranger cet ordre établi par la sagesse de la loi? Voyez ce
« qui se passe dans les pays de droit écrit. La loi de l'égalité des
« successions y règne, mais une autre loi permet à l'homme
« d'éluder par un testament la disposition de la loi, et la loi est
« nulle et sans effet. Et quel est le motif de cette faculté?
« L'homme peut-il disposer de cette terre qu'il a cultivée alors
« qu'il est lui-même réduit en poussière? Non, la propriété de
« l'homme après sa mort doit retourner au domaine public de la
« société; ce n'est que pour l'intérêt public qu'elle transmet ces

« biens à la postérité du premier propriétaire. Or, l'intérêt
« public est celui de l'égalité, il faut donc que dans tous les cas
« l'égalité soit établie pour les successions (1). » Chose remarquable, dans toute cette discussion, personne ne songe, pour
combattre les traditions romaines, à invoquer l'autorité de notre
vieux droit coutumier, de ce droit national né sur le sol de la
France. Les principes d'égalité y avaient été cependant appli-
qués d'une manière assez énergique ; mais il semble qu'on ne
veuille rien devoir au passé, et alors même qu'on ne fait que lui
emprunter ses institutions, on ne l'avoue pas et on se pose en
novateurs. Cependant le droit romain et la liberté de disposer
eurent leurs défenseurs de l'Assemblée constituante. Tronchet
et Cazalès s'élevèrent avec force contre la proposition de Mirabeau en ce qu'elle tendait à interdire la faculté de disposer en
faveur des héritiers, et pour cette fois la motion fut ajournée.
Les coutumes diverses et le droit romain continuèrent, comme
par le passé, à régir la France.

Ce ne fut que par la loi du 5 brumaire an II et la loi du
17 nivôse suivant, qui du reste absorba et refondit dans ses dispositions la loi de brumaire, que fut portée la défense absolue
pour toute la France d'avantager un des successibles, même en
ligne ascendante ou collatérale. De là la nécessité pour les héritiers avantagés de rapporter ce qu'ils avaient reçu du défunt,
nécessité dont ils ne pouvaient s'affranchir, même en renonçant
à la succession. C'est le système des anciennes coutumes d'égalité qui est appliqué à toute la France ; c'est le triomphe des
idées de Mirabeau et de Robespierre. Les lois de brumaire et de
nivôse, qui dans l'esprit de leurs auteurs n'étaient que l'appli-

(1) Buchez et Roux, Hist. parlem., t. 9, p. 289 et 300.

cation des principes de liberté et d'égalité proclamés le 14 juillet 1789, devaient avoir un effet rétroactif jusqu'à cette époque (1).

La loi de nivôse an II ne subsista pas en son entier jusqu'à la promulgation du Code Napoléon. D'abord, la disposition de cette loi, qui lui attribuait un effet rétroactif jusqu'au 14 juillet 1789, et remettait ainsi en question tous les partages faits depuis cette époque, suscita des difficultés devant lesquelles on fut obligé de reculer. La loi du 18 pluviôse an V vint donc abolir cet effet rétroactif donné à la loi de nivôse (2).

La loi du 4 germinal an VIII vint apporter une modification plus importante encore à la loi de nivôse. Elle établit la quotité disponible sur de nouvelles bases, et elle permet de disposer en faveur des successibles, comme des étrangers, sans qu'ils soient tenus de rapporter en venant à la succession (3).

La dispense de rapport était-elle de droit sous l'empire de la loi de germinal, ou au contraire devait-elle être exprimée? Grenier, *Traité des Donations*, p. 132, et Chabot, *Quest. transit.*, t. 2, p. 490, pensent que la loi de germinal se référait aux anciennes coutumes qu'elle serait en quelque sorte venue remettre en vigueur, de telle sorte que dans les lieux où la coutume exigeait une dispense expresse du rapport, cette dispense aurait dû être exprimée, et réciproquement. Toutefois Grenier cite un arrêt de la cour de Riom, du 21 juin 1809, qui avait décidé le contraire. Cette question, à raison du temps qui nous sépare aujourd'hui de la loi de germinal, est à peu près sans intérêt pratique.

(1) Duvergier, Lois et décrets, t. 6, p. 256 et 273.
(2) Duvergier, Lois et décrets, t. 9, p. 275.
(3) Duvergier, t. 12, p. 170.

III. Code Napoléon, liv. 3, tit. 1, chap. 6, sect. 2.

Des rapports.

Le législateur de 1804, loin de répudier les principes de liberté et d'égalité civiles proclamés par l'Assemblée constituante, s'appliqua au contraire à les consacrer et à les mettre en pratique. Toutefois, il ne poussa pas le respect de l'égalité au point d'anéantir, comme l'avaient fait certaines de nos anciennes coutumes, comme l'avait fait la Convention nationale par la loi de nivôse, le droit pour toute personne de disposer librement de ses biens et d'en gratifier ses héritiers. La liberté de disposer, en effet, doit exister aussi bien en faveur des successibles et surtout des enfants, qu'en faveur des étrangers. Il faut que chacun ait la faculté de récompenser ceux de ses héritiers qui lui auront témoigné une affection particulière et rendu des services que ne lui auront pas rendus les autres. Il faut laisser à un père une sanction pour contenir ses enfants dans le devoir; il faut aussi que ce père ait les moyens de compenser entre ses enfants les inégalités résultant de la nature ou des chances de la fortune. Pourquoi, sur ce point, ne lui laisserait-on pas un pouvoir dont il ne sera pas porté à abuser? L'affection paternelle n'est-elle pas la plus sûre des garanties? Que la loi assure à certains parents plus dignes d'intérêt une réserve, qu'elle les empêche ainsi d'être dépouillés complétement; elle est en cela sage et prévoyante, mais elle ne doit pas aller plus loin et exiger d'une manière impitoyable une égalité qui pourrait parfois être injuste. C'était la doctrine du droit romain, c'était aussi

celle des anciennes coutumes dites de préciput. Elle fut déve-
loppée en 1791 devant l'Assemblée constituante par Tronchet,
qui réussit, sinon à la faire triompher complétement, au moins
à retarder la loi égalitaire de nivôse. Méconnues par la loi de
nivôse, ces idées furent pendant quelque temps comme étouffées
par un désir désordonné de l'égalité. Mais, comme nous l'avons
vu, elles avaient repris leur empire dès avant la promulgation
du Code civil; la loi de germinal vint abroger la loi de nivôse et
permettre à toute personne de disposer de ses biens au profit de
qui que ce fût, en respectant toutefois la réserve établie au profit
de certains parents. Les rédacteurs du Code Napoléon n'eurent
qu'à maintenir l'œuvre de la loi de germinal, sauf quelques différences dans les détails. « La loi, disait M. Bigot de Préameneu en
« présentant le titre des Donations au Corps législatif, la loi ne
« saurait avoir pour objet que l'ordre général des familles. Ses
« regards ne peuvent se fixer sur chacune d'elles ni pénétrer
« dans son intérieur pour calculer les ressources, la conduite,
« les besoins de chacun de ses membres, et pour régler ce qui
« conviendrait le mieux à sa prospérité. Ce sont des moyens de
« conservation que le père de famille peut seul avoir. Sa vo—
« lonté sera donc mieux adaptée aux besoins et aux avantages
« particuliers de sa famille. L'avantage que la loi peut retirer
« en laissant agir la volonté de l'homme est trop précieux pour
« qu'elle le néglige, et dès lors elle n'a plus à prévoir que
« les inconvénients qui pourraient résulter de ce qu'on aurait
« entièrement livré le sort des familles à cette volonté (1). »
Le Code Napoléon consacre donc la liberté pour chacun de
disposer de ses biens, même au profit de ses successibles (919

(1) Fenet, Trav. prép. du Code, t. 12, p. 511.

et 845), pourvu que la réserve des enfants ou des ascendants soit respectée.

Mais si l'égalité entre les héritiers n'est pas prescrite d'une manière absolue, elle n'en reste pas moins toujours dans le vœu de la loi, et on ne suppose pas facilement que le père de famille ou le *de cujus* en général ait voulu y déroger ; alors même que des libéralités ont été faites à l'un des successibles, on n'y voit pas pour cela une intention, de la part du donateur, de rompre l'égalité entre ses héritiers. Les donations, s'il n'y a manifestation expresse d'une volonté contraire, ne sont regardées que comme de simples avances faites à l'héritier sur sa part héréditaire ; de là la nécessité pour l'héritier donataire, s'il veut prendre part à la masse héréditaire, d'y rapporter ce qu'il a déjà reçu. Le rapport sous le Code Napoléon est donc fondé sur une interprétation de la volonté du donateur ; celui-ci peut, par une déclaration expresse, en affranchir son donataire (843).

La loi n'assujettit pas seulement les donations entre vifs au rapport ; l'article 843 ajoute que tout héritier venant à une succession ne peut réclamer les legs à lui faits par le défunt, à moins que ces legs ne lui aient été faits par préciput et hors part, ou avec dispense du rapport. Je doute que sur ce point la disposition de la loi soit bien conforme à la volonté du testateur. N'est-il pas à présumer, au contraire, que lorsqu'un père de famille ou tout autre parent dont la succession est avantageuse fait un legs modique à l'un de ses successibles, il n'a pas l'intention de le forcer, pour jouir de ce legs, à renoncer à la succession ? Ce serait un singulier avantage faire à cet héritier. Les jurisconsultes romains ne s'y étaient pas trompés, jamais ils n'avaient assujetti les legs au rapport. Peut-être ne faut-il voir dans l'art. 843 qu'un souvenir de cette ancienne incompatibilité des qualités d'héritier et de légataire établie par le droit coutumier. Comme le remarquent les auteurs, il n'y a pas pour les legs de rapport proprement dit. Rapporter, en effet, c'est remettre à la masse de la succession une chose qui en a fait partie et qui en a été détachée ; mais les choses léguées continuent toujours de faire partie de la masse héréditaire, et il ne peut être question de les y faire rentrer par le rapport. Aussi les legs faits à un successible sont supprimés, les choses léguées sont laissées dans la masse à partager, elles n'y sont pas rapportées. Cette distinction n'a pas échappé au législateur, elle apparaît au contraire clairement dans l'art. 843. L'héritier, dit cet article, ne peut *retenir* les dons ni *réclamer* les legs, etc. L'art. 844 reproduit les mêmes expressions, et plusieurs articles où il est question du rapport ne s'appliquent qu'aux choses données entre vifs. Tel est, par exemple, l'art. 857 qui dit que le rapport n'est pas dû aux légataires ni aux créanciers de la succession. Il est vrai qu'il y a d'autres textes où cette distinction disparaît, et où le législateur emploie le mot *rapport* pour désigner indistinctement le rapport proprement dit ou la suppression des legs ; tels sont les art. 846, 847, 848 et 849.

Dans l'ancien droit, on avait poussé si loin le désir de l'égalité qu'on imputait ce que devait un héritier à la succession, sur sa part héréditaire. On ne voulait pas que les autres héritiers fussent réduits à une simple créance contre lui, tandis qu'il serait nanti de sa part de sa succession ; on assujettissait donc le successible au rapport de ce qui lui avait été prêté, et même des sommes qu'il avait reçues pour prix d'une constitution de rente. L'art. 829 du Code Napoléon semble consacrer la même doctrine. « Chaque cohéritier, dit-il, fait rapport à la masse des « dons qui lui ont été faits et des sommes dont il est débiteur. »

Nous aurons à examiner quelle doit être, sous l'empire du Code Napoléon, l'étendue de ce rapport appliqué aux sommes dont l'héritier est débiteur, et quelles sont les différences qui le séparent du rapport des donations.

Le rapport, c'est donc la remise à la masse héréditaire, soit réelle, soit fictive, imposée à l'héritier venant à une succession, des choses qui lui ont été données par le défunt, ou des sommes dont il était débiteur envers lui ; et, par extension, c'est l'obligation imposée à l'héritier qui est en même temps légataire, de ne pas réclamer les legs à lui faits s'il veut prendre part à la succession. Les choses données rentrent dans la masse héréditaire, celles léguées y restent pour être comprises au partage. Aussi Pothier disait-il que les rapports étaient l'un des objets des partages (*Traité des Success.*, ch. IV, art. 11).

Notre Code consacre, comme nous l'avons déjà dit, le système des anciennes coutumes de préciput ; il n'impose le rapport qu'à l'héritier venant à la succession, et il permet au *de cujus* d'en affranchir son donataire ou légataire.

Nous allons examiner successivement par qui est dû le rapport, par qui il peut être demandé, à quelle succession il se fait, comment le donataire peut s'en affranchir en renonçant à la succession, ou en être dispensé par le *de cujus*, quelles choses y sont soumises, comment il s'opère et quels sont ses effets.

§ I. PAR QUI EST DU LE RAPPORT.

L'art. 843 répond à cette question. Le rapport, dit-il, est dû par tout héritier, même bénéficiaire. *Par tout héritier*, ici l'on ne distingue plus, comme dans le droit romain, comme dans la plupart des coutumes, entre les enfants, les ascendants et les collatéraux. Les héritiers collatéraux et les ascendants sont donc soumis au rappo?! aussi bien que les héritiers de la ligne descendante. Il résulte de là que ce n'est pas toujours une égalité absolue que le rapport vient établir. En effet, dans le cas d'une succession déférée à des ascendants ou à des collatéraux, il arrive souvent que ces ascendants ou ces collatéraux sont appelés dans des proportions différentes. Le rapport, dans ce cas, a pour but de maintenir le partage fait par la loi, et il n'établit qu'une égalité relative.

L'héritier même bénéficiaire doit le rapport à ses cohéritiers. C'était ce qu'enseignait Voët pour le droit romain (Voët, *ad Pandectas, de Collat.*, n° 26), et ce que nous trouvons répété par la plupart des anciens auteurs qui ont écrit sous le droit coutumier (Pothier, *Traité des Success.*, ch. III, sect. 3, § 8; Ferrière, *Cout. de Paris*, art. 304). Le bénéfice d'inventaire n'a d'effet que contre les créanciers de la succession (802). Toutefois Lebrun (*Traité des Successions*, liv. III, ch. IV, n° 34) n'admettait cette doctrine qu'avec une restriction. Il pensait que dans le cas où l'héritier bénéficiaire délaisserait les biens de la succession aux créanciers et légataires, il devrait être affranchi du rapport. Ce système, condamné par un ancien arrêt du 16 avril 1682, était rejeté par Pothier et de Ferrière. L'opinon de Pothier doit, sans aucun doute, être appliquée sous l'empire du Code Napoléon. C'est un principe en effet que la qualité d'héritier une fois acquise ne peut plus se détruire : *semel hæres semper hæres*. Le délaissement que fait l'héritier bénéficiaire n'est donc pas une renonciation, mais un simple abandon des biens aux créanciers, qui n'a d'effet qu'à leur égard, et laisse toujours subsister la qualité d'héritier.

Le donataire qui n'était pas héritier présomptif au moment de la donation, mais qui se trouve appelé à la succession au jour du décès du donateur, doit le rapport, à moins qu'il n'en ait été formellement dispensé (846). Cette disposition de la loi ne se fonde plus sur ce que, dans la pensée du donateur, la donation a été faite en avancement d'hoirie; il n'est pas à présumer en effet que le *de cujus* ait prévu le prédédès de ses héritiers. La pensée du législateur dans l'art. 846, c'est que le *de cujus* n'aurait pas fait la donation s'il avait prévu que le donataire arrivât un jour à la succession. Que si le donateur veut que le donataire garde la chose donnée à tout événement, c'est à lui de s'en expliquer formellement. Quoique l'art. 846 ne parle que du donataire, on ne fait pas de difficultés pour l'appliquer au légataire. Ainsi par exemple, un père fait son testament par lequel il lègue une certaine somme à l'un de ses neveux; dans l'intervalle entre la confection du testament et le décès du père, le fils, qui était son seul héritier, vient à prédécéder, en telle sorte que la succession du père est dévolue à des collatéraux parmi lesquels se trouve le neveu à qui il a été fait un legs; ce neveu ne pourra pas, en venant à la succession, réclamer ce qui lui a été légué; c'est ce que l'on doit décider par analogie de l'article 846, et c'est même à peu près la seule hypothèse où cette suppression du legs fait à l'héritier peut se justifier. On peut dire alors que si le testateur avait prévu que le légataire arrivât à la succession, il ne lui aurait pas fait le legs.

Le rapport est imposé seulement à celui en qui concourent les deux qualités d'héritier et de légataire. Nous voyons des applications de cette règle dans les art. 847, 848, 1er alinéa, et 849. Le père ne doit pas rapporter ce qui a été donné à son fils, ni le fils ce qui a été donné à son père, ni un conjoint ce qui a été donné à l'autre conjoint. Au premier abord, on ne comprend guère que le législateur ait senti le besoin de s'expliquer sur toutes ces hypothèses ; il semble qu'il suffisait du principe posé dans l'art. 843 pour exclure tous les doutes à cet égard. C'est dans la tradition historique qu'il faut rechercher l'origine des art. 847, 848 et 849. Dans l'ancien droit, l'on avait tellement exagéré le désir de l'égalité et la crainte des avantages indirects, qu'on assujettissait le père à rapporter ce qui avait été donné à son fils. « Ce qui a été donné aux enfants de ceux qui « sont héritiers et viennent à la succession de leurs père, mère « ou autres ascendants, est sujet au rapport ou à moins pren- « dre, » portait l'art. 306 de la coutume de Paris, qui faisait en ce point le droit commun des pays coutumiers. Cette disposition des coutumes était peut-être un peu fondée sur la crainte des donations déguisées par le moyen d'une interposition de personnes ; mais ce n'était pas là le motif principal et déterminant. En effet, alors même qu'il était reconnu d'une manière incontestable qu'il n'y avait pas eu d'interposition de personnes, que le fils était bien le seul et véritable donataire, le père n'en devait pas moins le rapport. La raison, dit de Ferrière (Cout. de Paris, art. 306), c'est que les enfants sont censés une même personne avec leur père. Pothier s'explique à peu près de même. « La rai- « son de la décision des coutumes de Paris et d'Orléans, dit-il, « est tirée du principe que, non-seulement les avantages directs, « mais même les avantages indirects, sont sujets au rapport. « Or, c'est un avantage indirect qu'on fait à un père ou à une « mère lorsqu'on donne à ses enfants ; car, regardant nos en- « fants comme d'autres nous-mêmes, n'acquérant nos biens que « pour eux, nous devons réputer donné à nous-même ce qui « leur est donné, et par conséquent nous devons être obligés

« au rapport comme si cela était donné à nous-mêmes (1). » En outre, lorsqu'une donation avait été faite au conjoint successible, on examinait si le successible avait tiré profit, et on l'assujettissait au rapport de ce dont il avait profité. De là une source de difficultés. Ainsi, par exemple, un beau-père avait fait une donation à son gendre ; la fille, venant à la succession de son père, était-elle obligée de rapporter ce qui avait été donné à son mari ? « Pour résoudre cette question, dit Pothier, il faut distin-« guer plusieurs cas : ou la fille avait des enfants de son mari, « à qui la donation avait été faite, ou elle n'en avait point, ou « elle avait accepté la communauté de son mari, ou elle y avait « renoncé, ou cette communauté subsistait encore, ou c'est « une donation de meubles ou une donation d'héritage (2). » On voit, par ce peu de mots, à combien de discussions et de distinctions arbitraires donnaient lieu toutes ces questions. Le Code a voulu couper court à toutes ces difficultés. Il est bon d'insister sur ce point, parce qu'on a donné aux articles dont nous parlons une portée qu'ils ne peuvent avoir. Ils ont été invoqués pour prouver que dans la pensée des rédacteurs du Code, les donations déguisées par les moyens d'une interposition de personnes, sont dispensées du rapport. On a supposé que dans les hypothèses prévues par le législateur, le fils ou le conjoint n'étaient que des personnes interposées, et que le véritable donataire était le père ou le conjoint héritiers. On s'est ap-

---

(1) Pothier, Trait. des Succ., chap. 4, art. 2, § 4.
(2) Pothier, Trait. des Succ., chap. 4, art. 2, § 4.

puyé surtout sur ces expressions : les donations, etc., sont réputées faites avec dispense du rapport. Si le père, si le conjoint succes- sible, a-t-on dit, n'étaient pas les véritables donataires, on ne dirait pas que les donations sont réputées faites avec dispense du rapport. Cette rédaction de la loi peut fort bien s'expliquer sans supposer que le législateur ait eu en vue le cas de l'interposition de personnes. En effet, lorsqu'une donation est faite à un fils qui est bien le seul et véritable donataire, le père en ressentira souvent un avantage indirect ; ainsi, par exemple, il aura l'usu- fruit légal des choses données, si le fils est mineur de dix—huit ans ; si c'est pour son établissement que la donation est faite à l'enfant, les parents en ressentent un avantage indirect, en ce sens qu'ils ne seront pas obligés de pourvoir eux-mêmes à l'établissement de cet enfant ; de même, lorsqu'une libéralité est faite au conjoint du successible, celui-ci peut en ressentir un avantage indirect, bien qu'il n'y ait aucune interposition de personne et que le conjoint soit le véritable donataire ; ainsi, une donation mobilière est faite par son beau-père à une femme mariée sous le régime de la communauté, les meubles donnés tombant dans la communauté, le mari se trouvera profiter de la donation pour moitié. Ce sont ces avantages indirects que le père ressent des donations faites à son fils, que le conjoint re- tire de celles faites à son conjoint, en dehors de toute interposi- tion de personnes, que le Code répute faits avec dispense du rapport. Les rédacteurs, dans les art. 847 et suivants, ne se sont donc pas préoccupés du point de savoir si les donations faites par personnes interposées sont ou non sujettes au rapport. Ils ont tout simplement voulu dire que l'on devrait examiner seulement à qui la donation a été faite en réalité, et non pas quels résultats indirects elle a pu produire par des actes ou des événements étrangers (1).

Aussi, par une juste réciprocité, dans le cas où une donation faite à un successible est tombée en communauté, de telle sorte que le donataire n'en a profité qu'en partie, il n'en doit pas moins rapporter la totalité de ce qui lui a été donné (art. 849).

Le fils ne rapporte pas ce qui a été donné à son père lorsqu'il vient de son chef à la succession du parent donateur, et cela alors même qu'il aurait profité de la donation en recueillant la succession de son père. Mais, si c'est par représentation du père prédécédé que le fils arrive à la succession du donateur, il doit le rapport de ce qui a été donné à la personne qu'il représente, alors même qu'il n'aurait en rien profité de la donation. Cette doctrine, établie par Justinien pour le droit romain dans la loi 19, au Code, *de collationibus*, était aussi admise dans l'ancien droit coutumier : « La raison de cette décision, dit Pothier, « est bien évidente : des représentants ne peuvent avoir plus de « droits dans une succession que la personne qu'ils représentent « et du chef de laquelle ils viennent, suivant ce principe de droit : « *qui jure alterius utitur, eodem jure uti debet* ; ils ne doivent « pas plus prendre dans cette succcession que cette personne « y aurait pris ; ils doivent être obligés aux mêmes rapports « auxquels cette personne aurait été obligée (2). »

Mais le représentant doit-il rapporter ce qui lui a été donné à lui-même ? Le motif que nous avons donné d'après Pothier, pour établir que le représentant doit rapporter ce qui a été donné

---

(1) Chabot, Trait. des Succ. sous l'art. 849,

(2) Pothier, Trait. des Succ., chap. 4, art. 2, § 4.

au représenté, semble conduire à décider qu'à l'inverse il ne doit
pas rapporter ce qui lui a été donné à lui personnellement. Et
en effet, qu'est-ce que la représentation? C'est, d'après l'article 739 : « une fiction de la loi, dont l'effet est de faire entrer
« les représentants dans la place, dans le degré et dans les droits
« du représenté. » La conséquence de cette définition légale,
c'est que le représentant jouit des droits qu'aurait eus le représenté, s'il eût survécu; qu'il subit les mêmes charges, ce qui est
appliqué par l'art. 849, au rapport; mais qu'on ne peut lui
imposer des obligations que n'aurait pas subies le représenté.
Or, comme le représenté, d'après l'art. 847, ne devait pas rapporter ce qui a été donné à son fils, ce dernier ne doit pas non
plus le rapport, puisqu'il ne fait qu'user des droits de son père
pour arriver à la succession du donateur. Cette décision est, il
est vrai, repoussée par le plus grand nombre des auteurs, et par
la jurisprudence. On dit que les représentants reçoivent directement du défunt leur part dans la succession; qu'elle ne leur
est pas transmise par la personne représentée dont on prend
seulement le degré; que les représentants sont personnellement
héritiers, et doivent par conséquent rapporter ce qui leur a été
donné personnellement. On ajoute que si la loi a en outre imposé au fils venant par représentation de son père, le rapport de
ce qui a été donné à celui-ci, c'est par un motif d'équité, et afin
que la représentation, qui est une faveur pour les représentants,
n'apporte aucun préjudice aux autres héritiers. Comme on le
voit, la question est tout entière dans le point de savoir quelle est
la nature de la représentation. Cette controverse sur le caractère
de la représentation n'est pas nouvelle; elle existait dans l'ancien droit, témoin ce passage extrait de Ricard (*Traité de la
Représentation*, chap. ( ) : « Le point de la difficulté, dit-il, est

« de savoir si le représentant succède non-seulement comme
« étant au degré de père ou autre ascendant, mais aussi comme
« étant en ses droits : *an ex persona vel persona patris;* ce qui
« est d'une très-grande importance parmi nous, qui, en plusieurs
« rencontres, faisons, pour le fait des successions, différence du
« sexe, et avons égard à la naissance. Ceux qui défendent l'opi-
« nion qui veut que celui qui représente prenne entièrement la
« place du représenté, tant pour le degré que pour les préroga-
« tives qui accompagnaient la personne, soutiennent que la
« représentation se fait par le moyen d'une transmission des
« droits du représenté en la personne du représentant, et que
« celui qui est représenté est censé, en conséquence de l'ha-
« bileté qu'il a eue à succéder, en avoir transmis les droits à celui
« qui le représente, lesquels demeurent, par le moyen de la re-
« présentation, conservés en sa personne, et réduits à effet lors
« de l'ouverture de la succession. » Il suffit de se reporter au
texte de l'art. 739, pour voir quel parti les rédacteurs du Code ont
adopté dans cette controverse, et toutes les objections qu'on peut
faire tendent tout au plus à prouver que la loi est vicieuse et illo-
gique, mais ne permettent pas d'échapper à ses conséquences. Il
faut aller plus loin, et reconnaître que le système qui affranchit le
représentant du rapport de ce qui lui a été donné à lui personnellement, est le plus conforme à l'équité et surtout à l'idée qui
a fait admettre le rapport. On a voulu que les enfants qui ont perdu
leur père et leur mère ne fussent pas, par suite de ce malheur,
privés du droit de recueillir les biens de leur aïeul ou de leur
oncle, on a voulu que tout se passât comme si le père ou la
mère n'étaient pas morts; or, si le père ou la mère n'étaient pas
morts, ils n'auraient pas, en venant à la succession, rapporté ce
qui a été donné à leur fils. Il ne faut pas que leur prédécès

amène un bénéfice pour les autres héritiers, en leur donnant le droit de demander le rapport. Ce que le représentant invoque, ce ne sont pas, si l'on veut, les droits du représenté, puisque celui-ci n'en a jamais eu aucun, étant mort avant l'ouverture de la succession ; ce sont les droits qu'aurait eus le représentant s'il eût survécu.

Si le donataire successible mourait après l'ouverture de la succession du donateur, mais avant d'avoir pris parti sur cette succession, ses héritiers à lui auraient le droit d'accepter ou de renoncer de son chef. En acceptant ils s'obligent à rapporter tout ce qu'a reçu leur auteur. Il ne peut ici y avoir aucun doute sur le point de savoir s'ils doivent être dispensés de rapporter ce qui leur a été donné à eux personnellement, car ils ne sont pas héritiers ; ils ne font qu'exercer les droits héréditaires de leur auteur. Si les héritiers du donateur ne sont pas d'accord sur le parti à prendre, l'art. 781 dit que la succession devra être acceptée sous bénéfice d'inventaire. Cette disposition de la loi a été critiquée, et avec raison. Le législateur semble avoir oublié que l'acceptation bénéficiaire peut quelquefois être très-désavantageuse ; c'est ce qui a lieu dans le cas où la succession étant mauvaise, il est dû un rapport dont on aurait pu s'affranchir. Le législateur aurait mieux fait de donner à chaque héritier de l'héritier l'option pour sa part héréditaire, comme cela a lieu du reste pour les héritiers d'une femme commune en biens qui meurt avant d'avoir pris parti sur la communauté (art. 1475).

L'enfant naturel est-il soumis au rapport ? Cette question doit être examinée sous deux points de vue. Ou bien l'enfant naturel est en concours avec les héritiers légitimes, il n'a alors qu'une certaine fraction de ce qu'il aurait eu s'il eût été légitime, fraction qui varie suivant la qualité des héritiers avec qui il est en concours ; ou bien encore, il n'y a aucun parent légitime, et alors la succession tout entière est dévolue à plusieurs enfants naturels. Dans la première hypothèse, l'enfant naturel doit-il le rapport aux héritiers légitimes ? Dans la seconde hypothèse, celui des enfants naturels à qui il aurait été fait un avantage au détriment des autres, doit-il le rapport à ses frères ?

Dans le cas où l'enfant naturel est en concours avec des parents légitimes du défunt, il ne peut rien recevoir par donation entre vifs ou testamentaire au delà de sa part héréditaire ; d'où la conséquence que tout ce qui lui a été donné devra entrer en ligne de compte lorsqu'il s'agira de déterminer sa part dans la succession. L'art. 760, qui est comme la sanction de l'art. 908, dit que « l'enfant naturel ou ses descendants seront tenus d'im-
« puter, sur ce qu'ils ont droit de prétendre, tout ce qu'ils ont
« reçu du père ou de la mère dont la succession est ouverte et
« qui serait sujet à rapport d'après les règles établies par la
« section 2 du chap. 4 du titre des Successions ». On a prétendu que l'imputation imposée à l'enfant naturel était une chose toute différente du rapport. L'imputation, dit Chabot, se fait dans la succession à celui qui a reçu ; le rapport se fait à la masse de la succession : de là il tire cette conséquence que l'imputation est moins favorable à celui qui a reçu que ne le serait le rapport. Il suppose un enfant légitime en concours avec un enfant naturel ; celui-ci a reçu de son père 1,200 fr., la succession du père est de 12,000 fr. D'après Chabot, la succession du père étant de 12,000 fr., la part qui revient à l'enfant naturel (le tiers de la moitié ou un sixième) serait de 2,000 fr., et, comme il serait tenu d'imputer sur cette somme celle de

1,200 fr. qu'il a déjà reçue, il ne lui resterait plus à réclamer que 800 fr. Si au contraire il y avait un rapport proprement dit, la masse de la succession serait de 13,200 fr., le sixième revenant à l'enfant naturel serait de 2,200 fr.; en faisant déduction des 1,200 fr. qu'il a déjà reçus, il aurait encore à réclamer 1,000 fr., c'est-à-dire 200 fr. de plus que dans l'hypothèse précédente. Une autre différence qui existerait encore entre l'imputation et le rapport, c'est que, dans le cas d'une donation d'immeuble, le rapport se fait en nature, ou s'il se fait en moins prenant, il a lieu sur le pied de la valeur de l'immeuble à l'ouverture de la succession ; l'imputation au contraire, d'après Chabot et les auteurs qui suivent sa doctrine, se ferait toujours en moins prenant et sur le pied de la valeur de l'immeuble au jour de la donation ; ce qui doit être imputé à l'enfant naturel, dit-on, c'est ce qu'il a reçu, peu importe que l'immeuble ait augmenté ou diminué de valeur (1). Ce système me paraît contraire à l'équité et à l'esprit général de la loi. Pourquoi cette différence entre les enfants naturels et les enfants légitimes, entre l'imputation et le rapport ? Je crois que l'on donne à l'art. 760 une portée qui n'était pas dans l'intention de ses auteurs. Dans cet article, le législateur a voulu tout simplement indiquer que l'on devrait toujours, dans le partage, faire entrer en ligne de compte ce qui a été donné à l'enfant naturel , et que celui-ci ne pourrait pas être dispensé du rapport et recevoir des donations préciputaires ; quant à la manière dont doit se faire cette supputation dans la part héréditaire de l'enfant naturel, le législateur n'est entré dans aucun détail, entendant se référer, comme il le dit

_____

(1) Chabot, Tr. des succ., art. 760, nos 1 et 2, Marcadé sous l'art. 760, n° 1.

lui-même, aux règles générales sur le rapport. L'art. 760, qui, comme tout le monde le reconnaît, n'est que le corollaire, la sanction, la mise en pratique de l'art. 908, interprété comme il l'est par Chabot, conduit à des conséquences manifestement contraires au texte comme à l'esprit de l'art. 908, c'est-à-dire que l'enfant naturel, d'après le système de l'imputation, aurait souvent moins et quelquefois plus que sa part héréditaire. D'après la doctrine de Chabot par exemple, et dans l'hypothèse d'un père laissant une succession de 12,000 fr., après avoir fait une donation de 1,200 fr. à l'enfant naturel, celui-ci perdrait 200 fr. Dans l'hypothèse d'une donation d'immeuble, l'enfant naturel, par le système de l'imputation, aura quelquefois moins, quelquefois plus qu'il n'aurait eu s'il avait succédé seulement ab intestat, selon que l'immeuble aura diminué ou augmenté de valeur. Le législateur, par l'art. 908, a voulu que l'enfant naturel n'eût jamais plus ni jamais moins que ce qu'il aurait eu si la donation n'ayant pas été faite, il eût dû réclamer sa part hérédiraire ab intestat. Cela semble indiquer que c'est à l'ouverture de la succession qu'il faut considérer la valeur de l'immeuble donné, puisque c'est à cette époque seulement que se fixent les parts héréditaires et de l'enfant naturel et des enfants légitimes. C'est ainsi que l'on procède dans le cas de réduction (art. 922).

L'enfant naturel ne devant rien recevoir au delà de sa part héréditaire, il ne peut par conséquent lui être fait aucune donation ni aucun legs par préciput. Tout ce que peut le père naturel, c'est de le dispenser d'un rapport en nature, de l'autoriser à garder l'immeuble qui lui aurait été donné, à faire, en d'autres termes, un rapport en moins prenant, mais toujours sur le pied de la valeur de l'immeuble au jour de l'ouverture de la succession, époque à laquelle se fixe la part héréditaire qui est la mesure des libéralités qui peuvent être faites à l'enfant naturel.

L'enfant naturel doit rapporter, non-seulement ce qui lui a été donné à lui-même, mais aussi ce qui a été donné à ses enfants, à son conjoint, qui sont légalement présumés être des personnes interposées (911).

Quand il n'y a que des enfants naturels recueillant la succession à défaut de parents légitimes, ceux d'entre eux qui ont été avantagés doivent le rapport si les libéralités ne leur ont pas été faites avec clause de préciput. En vain on objecterait que les enfants naturels ne sont point héritiers, que le rapport n'a lieu qu'entre cohéritiers. Dans cette matière, le législateur a désigné sous le nom d'héritiers tous ceux qui arrivent à la succession par la vocation de la loi, par opposition aux légataires qui n'arrivent que par la volonté de l'homme. Du reste, comme dans le cas où il n'y a pas d'héritiers légitimes, la quotité disponible vis-à-vis de chacun des enfants naturels dépasse sa part héréditaire, il peut lui être fait des libéralités avec dispense du rapport.

A QUELLE SUCCESSION SE FAIT LE RAPPORT.

Le rapport se fait à la succession du donateur (850). Dans le droit romain et dans le droit coutumier, il en était quelquefois autrement. Ainsi dans le droit romain, l'aïeul qui constituait une dot à sa petite-fille, acquittait en quelque sorte l'obligation de son fils qui était réputé donateur, le rapport se faisait à la succession du père (Dig., l. 6, *de collat.*). De même dans le droit coutumier, le père obligé de rapporter ce qui avait été donné à son fils, prenait pour ainsi dire la donation à son compte, le fils donataire rapportait à sa succession (Poth., *Traité des Success.*, ch. 4, art. 2, § 5). Ces décisions n'ont plus d'application chez nous, où l'obligation n'existe pour aucun ascendant de doter ses enfants, et où un père n'est plus tenu de rapporter et prendre pour ainsi dire à son compte les donations faites à son fils. Ce qu'il faut rechercher uniquement, c'est de qui est partie la donation. Voici sur ce point quelques règles d'interprétation données par les textes mêmes du Code.

Lorsque deux époux dotent conjointement leur enfant commun, c'est-à-dire lorsque tous deux promettent et s'obligent dans le contrat de mariage, quel que soit le régime sous lequel ils sont mariés, que la dot soit fournie en biens propres à l'un d'eux ou en effets de la communauté, cette dot est toujours pour moitié à la charge personnelle de chacun des constituants (1438). En d'autres termes, chacun des époux est donataire pour moitié, et le rapport doit se faire pour moitié à la succession de chacun. L'art. 1438 ne parle que des époux mariés sous le régime de communauté ; nous l'avons appliqué même au cas où le père et la mère qui constituent une dot seraient mariés sous tout autre régime. La règle posée par cet article n'est pas en effet une conséquence particulière du régime de communauté, mais elle est déduite du principe général de la division des obligations conjointes. Si la dot fournie par les deux époux a été fournie en biens propres à l'un d'eux, il est dû récompense à celui qui a payé ; si elle a été fournie en effets de la communauté, il est dû récompense par chacun des époux à cette communauté, mais l'enfant qui a été doté ne doit pas se préoccuper de savoir sur quels biens la dot lui a été fournie, mais par qui elle lui a été constituée. Nous avons supposé jusqu'à présent que la dot avait été constituée sans désignation de la portion pour laquelle chacun y devait contribuer; si dans la constitution de dot on avait indiqué des proportions différentes, si l'on avait dit par exemple, que le mari y contribuerait pour les trois quarts et la femme pour un quart, le mari serait donataire des trois quarts et la femme d'un quart seulement; le rapport se ferait dans la même proportion à la succession de chacun.

Si le mari dote seul en biens à lui propres un de ses enfants, la dot est à sa charge exclusive. Il en est de même s'il dote un enfant d'un premier mariage en effets de la communauté : il n'a acquitté alors en quelque sorte que sa dette personnelle, il est seul donateur, sauf la récompense qu'il doit à la communauté. C'est à sa succession que se fera le rapport.

Mais si c'était un des enfants communs que le mari eût doté en effets de la communauté, il serait censé avoir agi comme chef de la communauté; la femme, si elle accepte, se trouvera donatrice pour sa part dans la communauté; le rapport sera dû à sa succession pour la même quotité (1439).

Si c'est la femme, qui avec l'autorisation de son mari ou de justice, dote seule un de ses enfants en biens à elle propres, elle est seule donatrice. Si, en cas d'absence du mari, et avec l'autorisation de justice, elle dote un des enfants communs, c'est en quelque sorte la communauté qui est donatrice. Dans le premier cas, le rapport se fera en totalité à la succession de la femme; dans le second cas, il ne se fera à sa succession que si elle accepte la communauté et pour sa part dans la communauté (1427).

Dans le cas où la femme est mariée sous tout autre régime que celui de la communauté, c'est-à-dire sous le régime dotal, de séparation de biens ou exclusif de communauté, elle n'est pas obligée par la constitution de dot faite pas son mari à l'un des enfants communs, alors même qu'elle aurait été présente au contrat de mariage. Le mari est seul donateur (1544, 2e alinéa).

Si une fille qui se marie sous le régime dotal a des biens personnels, la dot qui lui est constituée par ses parents ne sera pas prise sur ses biens à elle, mais elle sera tout entière à la charge des constituants, à moins de stipulation contraire. Mais si le survivant du père ou de la mère constitue à sa fille, qui se marie sous le régime dotal, une dot pour biens paternels et maternels, sans spécifier des portions, cette dot se prend d'abord sur les droits de la future épouse dans les biens du conjoint prédécédé, et pour le surplus sur les biens du constituant. Lorsqu'il s'agira de régler le rapport, il faudra examiner pour quelle portion le constituant a contribué à la dot (1545, 1546).

PAR QUI PEUT ÊTRE DEMANDÉ LE RAPPORT.

Le rapport ayant été introduit pour maintenir l'égalité entre les héritiers, ne peut être demandé que par eux; les légataires et les créanciers du défunt n'ont pas le droit de l'exiger, ni même d'en profiter lorsqu'il a été demandé par les héritiers (857).

L'héritier bénéficiaire peut demander le rapport de même qu'il y est soumis.

L'enfant naturel a également la faculté d'exiger le rapport des héritiers légitimes avec qui il est en concours, même de ses frères qui sont les enfants légitimes du défunt. En effet, l'enfant naturel a une portion des droits qu'il aurait eus s'il eût été légitime. Son droit est réduit quant à la quotité, mais non quant à la nature; il peut donc demander le rapport dans la proportion de ses droits héréditaires. Qu'on ne dise pas qu'il n'est pas héritier, qu'il n'est qu'un successeur irrégulier, et que la loi, art. 857, n'a organisé le rapport qu'au profit des héritiers. Comme nous avons déjà eu occasion de le dire, le législateur a désigné sous la dénomination d'héritiers, ceux qui ont une vocation légale à la succession, par opposition à ceux qui ne tiennent leurs droits que de la volonté de l'homme. C'est ce que prouve la seconde partie de l'art. 857, qui est comme l'explication de la première.

Le rapport, avons-nous dit, ne peut être exigé par les créanciers de la succession, ni même leur profiter lorsqu'il a été demandé par les héritiers ; en d'autres termes, les créanciers de la succession ne peuvent pas se faire payer sur les biens qui sont rentrés dans la masse héréditaire par la voie du rapport. On aurait pu élever des doutes à cet égard sans la disposition formelle de l'art. 857 ; on aurait pu dire que l'héritier, même bénéficiaire, était tenu (802) de payer les dettes, au moins jusqu'à concurrence des biens qu'il a recueillis dans la succession ; qu'il ne peut faire aucun profit sur cette succession avant le payement intégral des dettes ; que par conséquent les biens qui lui sont advenus par le rapport sont comme les autres biens héréditaires le gage des créanciers. Cette théorie, qui a pour elle les apparences de l'équité, avait séduit le premier consul, et elle a été soutenue par lui devant le conseil d'État, dans une question tout à fait analogue à celle qui nous occupe, lorsqu'il s'est agi de décider si les créanciers de la succession pourraient se faire payer sur les biens qu'un héritier réservataire aurait eus par la voie de la réduction (1). Elle a été repoussée par les rédacteurs du Code qui ont admis l'opinion professée par Pothier pour le droit coutumier, opinion qui, du reste, était admise par Voët pour le droit

_____

(1) Fenet, t. 12, p. 337.

romain (1). On ne peut ici adresser aucun reproche d'injustice
au législateur. Il est bien vrai que d'après l'art. 2003, le patrimoine d'un débiteur est tout entier le gage commun de ses créanciers ; mais ceux-ci n'ont aucun droit de suite sur les biens qui
composent ce patrimoine s'ils n'ont pas le soin de se faire concéder des hypothèques. Le débiteur peut donc vendre ou donner
ses biens ; les créanciers ne peuvent pas critiquer les aliénations,
à moins qu'ils ne prouvent qu'elles ont eu lieu en fraude de leurs
droits, c'est-à-dire dans le but évident de la part du débiteur de
s'appauvrir et de se mettre hors d'état de payer ses dettes. Les
biens donnés sont donc définitivement sortis du patrimoine du
donateur ; s'ils rentrent un jour dans la masse héréditaire, ce ne
pourra être qu'au profit des héritiers entre qui la loi a voulu
maintenir l'égalité.

Pour profiter du bénéfice de l'art. 857, il faut que l'héritier à qui
le rapport est fait ait soin, comme l'enseignaient Pothier et Lebrun,
de n'accepter la succession que sous bénéfice d'inventaire (2) ; car
s'il acceptait purement et simplement, les créanciers de la succession deviendraient ses créanciers personnels, et ils pourraient, à
ce titre, saisir dans le patrimoine de leur nouveau débiteur les
biens qui lui adviendraient par le rapport. Il faut même aller plus
loin et reconnaître que dans le cas d'acceptation pure et simple, les
créanciers de la succession, devenus les créanciers personnels de
l'un des héritiers, pourraient de son chef demander le rapport aux
autres héritiers. Le droit de demander le rapport est en effet

---

(1) Voët et Pandectes, de collat., n° 26, Pothier., Int. gén. aux coutumes,
tit. des succ., n° 89.

(2) Pothier, Tr. des succ., chap. 4, art. 11, § 6. Lebrun, Tr. des succ.,
l. 3, ch. 6, sect. 2, n° 68.

un droit purement pécuniaire qui peut être exercé par les créanciers de celui à qui il compète (art. 1166).

L'art. 857 a cependant encore une application possible dans le cas d'acceptation pure et simple : c'est lorsque les créanciers de la succession ont fait prononcer la séparation des patrimoines. En effet, les créanciers héréditaires ne peuvent user de la séparation des patrimoines contre les créanciers de l'héritier, qu'à la charge de ne pas accepter eux-mêmes celui-ci pour débiteur. Ils ne peuvent donc pas se faire payer sur les biens rapportés au détriment des créanciers de l'héritier; je dis au détriment des créanciers de l'héritier, car c'est seulement vis-à-vis d'eux que la séparation des patrimoines est opérée, et elle ne peut être rétorquée par l'héritier contre les créanciers qui l'ont fait prononcer. Comme une fois que les créanciers personnels de l'héritier ont été satisfaits sur ses biens, les créanciers de la succession qui auraient fait prononcer la séparation des patrimoines et n'auraient pas été intégralement payés sur les biens héréditaires, peuvent revenir sur l'héritier, ils pourraient se faire payer sur les biens rapportés.

L'article 857 ne prévoit que le cas où le rapport est fait en nature, et non pas en moins prenant. Le rapport en moins prenant ne peut pas s'exécuter au détriment des créanciers de la succession. Ainsi, un père avait une fortune de 40,000 fr., il a donné à l'un de ses enfants 20,000 par avancement d'hoirie; il meurt laissant 20,000 fr. de biens et 20,000 fr. de dettes; les créanciers héréditaires pourront se faire payer sur les 20,000 fr. restant; le patrimoine du défunt, en effet, est tout entier leur gage. L'enfant qui n'a rien reçu ne pourrait venir dire aux créanciers : Les dettes se sont divisées de plein droit entre moi et mon frère, chacun de nous devant en supporter 10,000 fr.; et

comme moi je n'ai rien reçu, j'ai le droit de prendre seul les
20,000 fr. restant dans la succession; j'ai 10,000 fr. comme
héritier, et 10,000 fr. à cause du rapport en moins prenant que
me doit mon cohéritier; je vous dois compte seulement des
10,000 fr. que j'ai pour ma part héréditaire; quant aux
10,000 fr. que j'ai en vertu du rapport, ils sont hors de votre
atteinte. Un tel système serait souverainement inique, et les
créanciers de la succession pourraient, en demandant la séparation des patrimoines, conserver leur droit d'action sur toute
la masse héréditaire. Ils répondraient à l'héritier qui demande
le rapport : Vous êtes créancier personnel de votre frère, vous
ne pouvez, comme tel, exercer vos droits sur la succession que
quand nous, créanciers héréditaires, nous serons payés sur les
biens de la succession (1).

Un fait qui est hors de doute, c'est que l'art. 847 n'autori-
serait pas l'héritier, qui serait en même temps légataire, à se
faire payer de son legs par préférence aux créanciers de la succession. Cet article n'est applicable qu'aux choses données entre
vifs qui sont seules sorties du patrimoine du défunt. Quant aux
choses léguées, elles sont toujours dans la masse héréditaire, et
les legs ne peuvent s'exécuter que sur ce qui reste dans la succession, déduction faite des dettes. C'est l'application de ce vieil
adage : *nemo liberalis nisi liberatus*. Les créanciers ont donc un
droit de préférence sur les légataires qui ne peuvent rien
réclamer tant que les dettes ne leur sont pas payées (art. 800),
et cela est applicable à l'héritier à qui il aurait été fait un legs,
même par préciput, aussi bien qu'à tout autre légataire.

---

(1) Pothier, Tr. des Oblig, nº 310. — M. Bugnet, Notes sur Pothier. —
M. Duranton, Com. de droit français, tit. des Succ., nº 270.

Le rapport n'a pas lieu entre légataires, même universels, sans qu'il y ait lieu de distinguer, comme le fait Grenier (*Traité des Donations*, t. II, p. 162), si ce sont des étrangers ou les héritiers qui sont institués légataires, et s'ils sont institués pour leurs portions héréditaires. Du moment où les successibles institués légataires viennent en vertu du testament, ils ne sont plus héritiers ; que si le testateur voulait établir entre eux une égalité parfaite, c'était à lui de s'en expliquer en faisant du rapport une condition expresse de l'institution.

L'héritier qui serait en même temps légataire, ne pourrait pas, comme légataire, profiter du rapport qu'il aurait fait opérer comme héritier. Ainsi, dans l'hypothèse de deux héritiers, le *de cujus* avait fait à l'un d'eux une donation en avancement d'hoirie de 50,000 fr. ; il est mort ensuite laissant 25,000 fr. de biens et un testament par lequel il lègue à l'autre héritier, par préciput, une somme de 30,000 fr. ; l'héritier légataire ne pourrait pas dire à l'autre : Vous devez rapporter 50,000 fr., ce qui donnera une masse de 75,000 fr., sur laquelle j'aurai à prélever, comme légataire par préciput, 30,000 fr. Le legs par préciput ne peut, comme les autres, s'exécuter que sur les biens existant au décès du *de cujus*. Quant aux biens rapportés, ils seront partagés également entre tous les héritiers.

Il y a à faire, sur l'art. 857, pour les légataires, la même observation que nous avons faite plus haut pour les créanciers. Cet article, lorsqu'il dit que le rapport ne peut pas être demandé par les légataires, n'entend pas dire que les légataires ne pourront pas s'opposer à ce que l'héritier à qui il aurait été fait un legs se paye de son legs avant eux. Tous les legs, même ceux faits par préciput à l'un des héritiers par préciput, doivent s'exécuter concurremment, à moins que le testateur ne l'ait autrement ordonné (927).

Le donataire des biens à venir en vertu d'un contrat de mariage, que l'on appelle quelquefois institué contractuel, ne peut pas plus que le légataire demander le rapport; il a seulement le droit de critiquer les donations excessives que le *de cujus* aurait pu faire au détriment de l'institution, et par conséquent à une époque postérieure. Il peut critiquer ces donations, alors même qu'elles auraient été faites à un héritier. Celui qui par contrat de mariage fait une donation universelle de ses biens à venir ne peut plus disposer à titre gratuit des objets compris dans la donation, si ce n'est pour sommes modiques; autrement, il lui aurait été trop facile de révoquer sa libéralité (1089). Il ne faut pas confondre ce droit de faire réduire ou annuler les donations faites au détriment d'une institution contractuelle, avec le droit de demander le rapport. La nullité d'une donation qui préjudicierait à une institution contractuelle et viendrait pour ainsi dire la révoquer est laissée à l'appréciation du juge. Cette nullité peut être demandée, et contre les étrangers, et contre les héritiers; elle sera même plus difficilement admise contre les héritiers que contre les étrangers.

Il ne faut pas exagérer les conséquences de cette règle que les légataires ne peuvent demander le rapport ni en profiter. Ainsi, l'art. 857 ne fait pas obstacle à ce que, pour calculer la quotité disponible et savoir si les legs excèdent ou non cette quotité disponible on réunisse fictivement aux biens restants, ceux qui ont été donnés par avancement d'hoirie aux héritiers. Prenons une hypothèse : Un père qui a deux enfants et une fortune de 100,000 fr. fait à chacun de ses enfants une donation de 25,000 fr. par avancement d'hoirie; il fait un testament par lequel il lègue à un étranger 25,000 fr.; les enfants, seront-ils admis à dire au légataire : Il ne reste plus dans la succession de notre père que 50,000 fr. ; la quotité disponible est du tiers, soit 16,666 fr.; votre legs excédant cette quotité disponible doit être réduit? Ce langage n'est pas admissible. En effet, lors-qu'un père qui a des enfants héritiers réservataires leur fait des libéralités par avancement d'hoirie, il entend tout natu-rellement que ces libéralités s'imputeront d'abord sur la ré-serve; c'est ce qui résulte des termes mêmes de l'art. 919. Pour que les libéralités faites aux héritiers réservataires s'im-putent sur la quotité disponible, il faut qu'elles soient faites expressément avec dispense du rapport. D'un autre côté, pour déterminer, lors du décès du *de cujus*, la quotité disponible, il faut faire, d'après l'art. 922, une masse de tous les biens, même de ceux donnés entre vifs. En faisant l'application de ces prin-cipes à notre espèce particulière, nous dirons : En réunissant les biens donnés aux enfants aux biens restants, nous avons une masse de 100,000 fr.; la réserve est des deux tiers, soit 66,666 fr., la quotité disponible par contre est de 33,333 fr.; les enfants ont déjà reçu, par imputation sur leur réserve, une somme de 50,000 fr., ils ont encore à réclamer 16,666 fr.; comme il reste dans la masse de la succession 50,000 fr., que le legs fait à l'étranger n'est que de 25,000 fr., ce legs, qui est inférieur à la quotité disponible, pourra parfaitement s'exécuter, et il restera encore à partager entre les enfants 25,000 fr., somme plus que suffisante pour compléter leur réserve. Le légataire ici ne demande pas le rapport, il échappe seulement à la réduction qu'on voudrait faire subir à son legs, en démontrant qu'il n'excède pas la quotité disponible. Cette doctrine, admise par la généralité des auteurs, est aussi celle de la cour de cassation, qui toutefois ne l'a consacrée qu'après quelques hésitations. (1).

Si, toujours dans notre hypothèse de deux enfants héritiers réservataires, l'un d'eux seulement avait reçu 50,000 fr. par avancement d'hoirie, devrait-on encore dire que le légataire pourra réclamer son legs en entier? La part de chaque enfant dans la réserve est de 33,333 fr.; comme il ne reste plus dans le patrimoine du *de cujus* que 50,000 fr., si l'enfant qui n'a rien reçu était autorisé à prendre sa réserve de 33,333 fr. sur les 50,000 fr. restants, il n'y aurait plus pour le légataire que 16,666 fr. au lieu de 25,000 fr. Je pense que même dans cette hypothèse le légataire serait admis à dire aux enfants : Les 50,000 donnés par avancement d'hoirie font partie de la réserve; l'héritier qui n'a rien reçu peut en avoir la moitié au moyen du rapport; il suffit, pour compléter cette réserve, de prendre sur ce qui reste de biens, au décès du *de cujus*, une somme de 16,666 fr. L'enfant qui n'a rien reçu est donc assuré d'avoir la réserve; ici encore le *de cujus* n'a pas outrepassé les limites de la quotité disponible en léguant 25,000 fr. Ce système est fondé sur l'équité et sur l'interprétation de la volonté du défunt. En effet, le père qui satisfait à son obligation naturelle en dotant ou en établissant ses enfants au moyen de libéralités faites par avancement d'hoirie, entend se réserver la faculté d'user comme bon lui semblera de sa quotité disponible.

Mais si les biens donnés entrevifs aux enfants héritiers excédaient la réserve et entamaient la quotité disponible, le légataire de cette quotité disponible ne pourrait pas exiger que

<hr/>

(1) Cassat., 5 juillet 1826. Sir. xvi, 1, 513.

les enfants remissent à la masse ce qui excède leur réserve pour
qu'il pût se payer de son legs ; le legs ne peut s'exécuter que
sur les biens restants au décès du *de cujus ;* c'est en ce sens que
l'on doit dire que les légataires ne peuvent demander le rapport
ni en profiter.

Lorsqu'un testateur a fait un legs d'une quotité qui n'excède
pas la portion disponible, la question de savoir si l'on doit faire
une masse des biens restants et des biens donnés pour déterminer cette quotité est uniquement une question d'intention.
Ainsi, un père qui avait deux enfants et une fortune de
100,000 fr., fait à chacun de ses enfants un avancement d'hoirie
de 25,000 fr., puis par son testament il lègue à son neveu le
quart de ses biens. Est-ce le quart des 100,000 fr. ou seulement des 50,000 fr. restants qui est légué? On comprend que
c'est là une question de fait à résoudre d'après les circonstances.
Il faudra, pour arriver à découvrir l'intention du testateur, examiner le testament dans tout son contexte. Dans le doute on
devra plutôt présumer que c'est sur les biens restants seulement
que doit se calculer le legs du quart; en effet, à l'égard du légataire, les biens donnés en avancement d'hoirie sont sortis du
patrimoine du *de cujus.*

§ 4. — DE LA FACULTÉ POUR LE DONATAIRE DE S'AFFRANCHIR DU RAPPORT EN RENONÇANT, ET DE LA DISPENSE DU RAPPORT ACCORDÉE PAR LE DONATEUR.

Le successible qui renonce à une succession est censé y avoir
toujours été étranger (785), d'où la conséquence qu'il s'affranchit du rapport par la renonciation (845). Il peut donc garder
ce qui lui a été donné, pourvu que la donation n'excède pas la

quotité disponible, car alors il y aurait lieu à réduction. Cette
décision doit être donnée même dans le cas où la donation aurait
été faite expressément à titre d'avancement d'hoirie. Dumoulin,
sur l'art. 17 de l'ancienne coutume de Paris, avait émis l'opinion contraire. Selon lui, la donation faite en avancement d'hoirie était résolue si le donataire ne se portait pas héritier. « Si
« postea filius donatarius, disait-il, non velit esse hæres, resolvitur
« donatio, tanquam causa finalis non secuta, et res revertitur ad
« corpus successionis. » L'opinion de Dumoulin, qui, il faut
l'avouer, avait pour elle les principes d'une logique rigoureuse,
ne prévalut pas dans l'ancien droit (Lebrun, *Tr. des Success.*,
liv. III, chap. VI, sect. II, n° 43). Elle n'a pas davantage été
admise par le Code Napoléon; l'art. 843 la condamne formellement. On peut seulement se demander s'il serait permis au donateur de stipuler expressément que sa donation serait résolue
si le donataire ne se portait pas héritier. Je ne vois rien d'il-
licite dans une semblable condition. Elle serait parfaitement
valable.

L'héritier renonçant retient la libéralité qui lui est faite,
pourvu qu'elle n'excède pas la quotité disponible. Dans le cas où
il aurait eu droit à une réserve, il ne pourrait pas cumuler la
quotité disponible avec la part de réserve qui lui aurait été attribuée s'il n'eût pas renoncé. La réserve, en effet, est une portion de la succession légitime; pour y avoir droit, il faut être
héritier. Le renonçant ne peut y prétendre, puisqu'il a détruit
lui-même le titre que la loi lui donnait pour la réclamer.

Le successible qui renonce transforme la libéralité qui lui
avait été faite en avancement d'hoirie et par imputation sur
sa réserve, en donation pure et simple, devant se prendre
sur la quotité disponible. Il pourra résulter de là un dérange-

ment dans les dispositions du défunt. Ainsi un père a une fortune de 100,000 francs et deux enfants; il fait à l'un d'eux une
donation par avancement d'hoirie de 50,000 fr., et il meurt
laissant un testament par lequel il a fait un legs de 80,000 fr.
à un étranger; si le successible donataire renonce, les
50,000 fr. à lui donnés s'imputeront sur la quotité disponible qui sera absorbée complétement; l'autre héritier prendra
les 50,000 fr. restant dans la succession à titre de réserve.
Le legs ne pourra donc pas s'exécuter par suite de la renonciation. Cette question, du reste, ainsi que la précédente, se rat-
tachant à la matière de la réserve et de la réduction, ce n'est
pas le lieu de les examiner et de les discuter ici dans tous
leurs détails.

Le rapport n'étant fondé que sur une interprétation de la volonté présumée du défunt ne peut avoir lieu lorsque celui-ci l'a
prohibé formellement; la loi permet donc au donateur d'en dispenser le donataire successible; elle exige une déclaration expresse de sa volonté à cet égard. Il faut qu'il ne puisse rester
aucun doute sur la volonté de d'spenser du rapport, car dans le
doute c'est la faveur de l'égalité qui l'emporte. C'est ce qui résulte des art. 843 et 910 du Code Napoléon. L'art. 843 porte :
« L'héritier ne peut retenir les dons ni réclamer les legs à lui
« faits par le défunt, à moins que les dons et legs ne lui aient
« été faits expressément par préciput et hors part, et avec dis-
« pense du rapport. » L'art. 919 contient une disposition analogue : « La quotité disponible, dit-il, pourra être donnée en
« tout ou en partie, soit par acte entre vifs, soit par testament,
« aux enfants ou autres successibles, sans être sujette au rap-
« port, par le donataire ou légataire venant à la succession,
« pourvu que la disposition ait été faite expressément à titre de
« préciput et hors part. »

Ces expressions de la loi, *préciput, hors part, dispensé de rapport*, n'ont rien de sacramentel, elles peuvent être remplacées par des expressions équivalentes. La dispense de rapport n'a même pas besoin d'être exprimée par une disposition spéciale; il suffit qu'elle puisse s'induire d'une manière non équivoque du contexte de l'acte contenant la libéralité. C'est ainsi qu'il a été jugé qu'il y avait dispense de rapport quand le *de cujus*, après avoir fait par son testament quelques legs à certains d'entre ses héritiers, ajoute que le surplus de ses biens sera partagé entre tous. De même le partage anticipé fait sous la forme d'une donation entre vifs est toujours réputé fait avec dispense de rapport. En effet, le partage anticipé exclut toute idée d'un partage ultérieur auquel on devrait remettre les biens faisant l'objet du premier. On doit appliquer la même décision au partage contenu dans un testament. De même encore le legs universel au profit d'un successible est censé fait avec dispense du rapport, car le legs universel attribuant au légataire l'universalité des biens héréditaires, exclut l'idée d'un partage pour lequel on devrait rapporter les biens légués. On a jugé également que la libéralité faite avec charge de restituer aux enfants nés, ou à naître est aussi dispensée du rapport; une telle libéralité, en effet, est incompatible avec l'idée d'un rapport à effectuer à la masse commune.

La dispense du rapport est souvent écrite dans l'acte même qui contient la libéralité; mais elle peut aussi être faite après coup dans un acte postérieur. Comme elle constitue par elle-même une libéralité, elle doit être faite dans les formes prescrites pour les libéralités, c'est-à-dire dans la forme des donations entre vifs ou des testaments.

La dispense du rapport écrite dans une donation entre vifs est irrévocable; celle faite dans un testament est au contraire révocable comme le testament. Quand je dis que la dispense du rapport écrite dans une donation entre vifs est irrévocable, je suppose que la libéralité et la dispense du rapport sont contenues dans le même acte, ou tout au moins que si la libéralité est faite dans un acte séparé, cet acte est une donation entre vifs. Si au contraire la libéralité principale était faite dans un testament, et que par un acte postérieur fait dans la forme d'une donation entre vifs le testateur déclarât dispenser du rapport, le legs n'en resterait pas moins révocable, et une fois révoqué, l'acte contenant la dispense du rapport deviendrait sans portée.

Lorsque la dispense du rapport est faite après coup dans un acte postérieur, elle ne peut préjudicier aux droits acquis à des tiers dans l'intervalle qui s'est écoulé entre la libéralité et l'acte qui est venu dispenser du rapport. Ainsi par exemple, un père fait à un de ses fils une libéralité par avancement d'hoirie, puis il fait à un étranger une donation entre vifs. D'après les règles exposées plus haut, la libéralité faite au fils, en avancement d'hoirie s'impute sur la réserve et laisse la quotité disponible entière; la donation faite à l'étranger, au contraire, se prend sur la quotité disponible. Le père ne pourrait pas, au moyen d'une dispense de rapport écrite dans un acte postérieur, faire que la donation au profit de l'enfant s'imputât sur la quotité disponible par préférence à celle faite à un étranger ; ce serait un moyen trop facile pour le donateur d'arriver à révoquer la libéralité faite à l'étranger.

§ 5. — QUELS BIENS SONT SOUMIS AU RAPPORT.

D'après l'art. 843, qui contient en germe tous les principes de la matière, l'héritier doit rapporter tout ce qu'il a reçu du défunt, par donation entre vifs, directement ou indirectement.

La disposition de la loi embrasse sans difficulté les donations faites entre vifs dans les formes prescrites par la loi (931) et aussi celles faites par contrat de mariage. Comprend-elle les donations rémunératoires, les dons manuels, les donations faites par personnes interposées ou déguisées sous la forme d'un contrat à titre onéreux? Que doit-on enfin entendre par libéralités indirectes? Ces questions ont donné lieu à autant de controverses qui, pour la plupart, divisent encore la jurisprudence et les auteurs.

Vinnius, pour le droit romain, déclarait la donation qualifiée rémunératoire dispensée du rapport sans aucune distinction. Lebrun n'admettait cette doctrine qu'avec plus de réserve ; il fallait, selon lui, que les services fussent constants, et il ne suffisait pas d'une déclaration vague ou mensongère pour donner à la libéralité le caractère rémunératoire (*Traité des Success.*, l. III, ch. VI, sect. III, n°s 2, 3, et 4). Cette doctrine ne paraît pas avoir triomphé dans l'ancienne jurisprudence. Auzanet, Duplessis et Charondas soutenaient au contraire que la donation rémunératoire était rapportable, sauf à indemniser le donataire dans le cas où les services rendus étaient appréciables en argent et de nature à donner action contre celui qui les avait reçus. Cette opinion est celle admise par les interprètes les plus accrédités du Code Napoléon. En effet, la loi (art. 843) ne fait aucune distinction ; elle soumet au rapport tout ce qu'a reçu le donataire, sans s'inquiéter des motifs de la donation. Que l'on n'objecte pas que celui qui fait une donation rémunératoire entend nécessairement faire une libéralité non rapportable, car dans la pensée du donateur la rémunération peut consister seulement dans l'avantage pour le donataire de jouir en avancement d'hoirie de la chose donnée; que s'il avait une autre intention, c'était à lui de s'en expliquer formellement. Du reste, l'art. 960 prouve que les donations rémunératoires ne sont pas soumises à des règles particulières; elles sont, comme les autres, révocables pour cause de survenance d'enfant, elles doivent également être soumises au rapport.

Mais le legs qualifié rémunératoire, lorsqu'il porte sur une somme modique, doit pouvoir être réclamé par le successible légataire. En effet, en qualifiant ainsi son legs, le testateur indique clairement qu'il veut faire un avantage particulier au légataire. Où serait l'avantage, si l'héritier ne pouvait réclamer le legs à lui fait qu'en renonçant à la succession?

Ce que nous avons dit de la donation rémunératoire s'applique aussi à la donation faite avec des charges. Le donataire doit rapporter ce qu'il a reçu, sauf à être indemnisé des charges qu'il a supportées.

La donation manuelle doit également être rapportée. L'absence d'un acte pour constater la libéralité ne peut équivaloir à une dispense expresse du rapport. Mais il faut que les objets donnés soient d'une certaine valeur, autrement la libéralité rentrerait dans la classe de celles qui constituent les simples présents d'usage, et nous verrons plus loin que ces avantages sont dispensés du rapport.

La donation déguisée est-elle dispensée du rapport? Une donation peut être déguisée de deux manières, ou par le moyen d'une interposition de personnes, ou sous le voile d'un contrat à titre onéreux. Avant de se demander si de semblables libéralités sont rapportables, il faut résoudre la question de savoir si elles sont valables. Cette solution n'est pas sans difficulté, et

aujourd'hui encore des auteurs estimés prétendent que les donations déguisées, au moins celles déguisées sous la forme d'un contrat à titre onéreux, sont radicalement nulles. Si l'on admettait
cette doctrine, il n'y aurait plus à se demander s'il y a lieu ou non
au rapport ; en effet, si les donations déguisées étaient nulles, les
objets donnés seraient toujours restés dans le patrimoine du donataire, et il ne pourrait être question de les y faire rentrer par
le rapport. Mais une jurisprudence qui paraît aujourd'hui inva-
riablement fixée admet la validité des donations déguisées. Cette
jurisprudence se fonde sur les art. 911 et 1099 qui édictant la
nullité des donations déguisées dans certains cas particuliers,
supposent par *a contrario*, qu'en dehors de ces hypothèses exceptionnelles, elles sont valables. L'art. 918 vient encore à
l'appui de cette doctrine. Cet article pose une hypothèse où un
acte qui présente toutes les apparences d'un contrat à titre
onéreux est présumé être une libéralité déguisée ; il ne prononce pas la nullité de cette donation présumée, il la soumet
seulement à la réduction en cas d'excès sur la quotité disponible.

Une fois la question de validité tranchée, reste celle du rapport. Ceux qui prétendent que les donations déguisées sont
rapportables invoquent le texte de l'art. 843. La loi, dit-on,
oblige l'héritier à rapporter tout ce qu'il a reçu directement ou
indirectement, et les donations déguisées sont précisément
des libéralités indirectes au premier chef. L'opinion contraire
compte de nombreux partisans. Il ne faudrait, selon ceux-ci,
rien induire de l'article 843 ; cet article, en assujettissant au
rapport les donations directes ou indirectes, n'y soumettrait
pas les donations déguisées ; le législateur aurait fait une distinction entre les donations déguisées et les donations indi-

rectes ; c'est ainsi, selon ces auteurs, que l'art. 1099 permet les donations indirectes entre époux jusqu'à concurrence de la quotité disponible, tandis qu'il prononce la nullité entière et radicale des donations déguisées. On dit que, d'après le Code Napoléon, il est permis au *de cujus* de faire une libéralité à l'un de ses successibles avec dispense du rapport ; qu'il lui suffit pour cela de manifester sa volonté d'une manière non équivoque ; que cette volonté ressort du détour employé pour faire la libéralité ; qu'on ne peut exiger une dispense expresse de rapport pour les donations déguisées ; ; qu'en effet, celui qui dans le but d'attribuer un objet à Paul, en fait donation apparente à Pierre, ne peut pas venir dans cet acte, dire qu'il dispense Paul du rapport ; que de même lorsque le *de cujus* voulant donner à son fils un immeuble lui en fait une vente simulée, on ne peut exiger de lui qu'il inscrive dans l'acte une dispense formelle de rapport, puisque cette clause viendrait révéler que la vente n'est qu'une donation et que c'est là précisément ce que l'on veut cacher. Enfin, on ajoute que les art. 847, 848, 849 et 918 du Code Napoléon viennent corroborer cette doctrine ; que ces art. 847, 848 et 849 prévoyant le cas où une donation serait faite au fils, au conjoint, ou au père de l'héritier, qui ne seraient que des personnes interposées chargées de restituer à l'héritier véritable donataire, déclarent que ces libéralités sont réputées faites avec dispense du rapport ; que la discussion qui a eu lieu au conseil d'État sur l'art. 849 et l'exposé des motifs par Treilhard au Corps législatif viennent à l'appui de cette interprétation (1) :

« Les donations, disait Treilhard, qui n'auront pas été faites
« à la personne même de l'héritier, seront toujours réputées

_____

(1). Fenel, t. 12, p. 66 et 157.

« faites par préciput; à moins que le donateur n'ait exprimé une
« volonté contraire. » L'art. 918, ajoute-t-on, vient également
prouver que les donations déguisées sous la forme d'un contrat
à titre onéreux ne sont pas rapportables. Cet article suppose
qu'une vente à fonds perdu ou avec réserve d'usufruit a été
faite à l'un des successibles en ligne directe ; il présume que cet
acte cache une donation ; en ordonne-t-il le rapport ? Non. Il
dit seulement que la donation sera réduite en cas d'excès sur la
quotité disponible; ce qui rentre dans la quotité disponible sera
donc gardé à titre de préciput et sans charge de rapport. »

Malgré toutes ces raisons, qui sans doute ne manquent pas
de gravité, je crois l'opinion contraire plus fondée.

D'abord, en admettant que sous l'art. 1199 le législateur
ait fait une distinction entre les libéralités indirectes et les libéralités déguisées, ce qui est fort contesté, je doute que cette
distinction se soit présentée à son esprit lorsqu'il a formulé la
disposition de l'art. 843. On peut même affirmer d'une manière
positive, que dans la pensée du législateur, c'était surtout les
donations déguisées qu'il voulait atteindre, lorsqu'il assujettissait
au rapport tout ce que l'héritier avait reçu indirectement. Que
l'on consulte tous les anciens auteurs, Lebrun, Ricard, Bourjon,
Duplessis, et on verra que tous comprenaient les libéralités
déguisées sous la dénomination de donations indirectes. Enfin,
ce qui est péremptoire, c'est le rapprochement que l'on peut
faire de l'art. 843 avec certains passages correspondants de
Pothier, que les rédacteurs avaient évidemment sous les yeux :
« La coutume, dit Pothier, par ces termes en manière quel-
« conque, assujettit au rapport tous les avantages, tant directs
« qu'indirects, faits par les père, mère, ou autres ascendants à
« leurs enfants. » Quels sont les exemples de donation indirecte

que Pothier cite en première ligne ? Ce sont précisément les donations faites, à personnes interposées ou déguisées, sous la forme d'un contrat à titre onéreux. « C'est un avantage indirect,
« dit-il, qu'un père fait à l'un de ses enfants, lorsqu'il donne
« quelque chose à une tierce personne pour le rendre à ce
« enfant. » Plus loin, il ajoute : « On appelle aussi avantages
« indirects tous les actes qui, étant passés entre le père et l'un
« de ses enfants sous un autre nom que celui de donations,
« renferment néanmoins un avantage au profit de l'enfant. Ces
« avantages sont pareillement sujets à rapport. » Enfin, dans
son introduction au titre des Successions, art. 3, § 1er, il s'exprime d'une manière plus claire encore, si cela est possible : « Les
« avantages même indirects, dit-il, sont sujets à rapport : telles
« sont les donations que le défunt aurait faites à l'un de ses
« enfants par l'interposition d'une tierce personne, ou celles
« qui auraient été déguisées sous la forme d'un autre contrat (1). »
Qu'on ne dise pas que la loi permettant de dispenser du rapport, on doit voir dans le déguisement de la libéralité la volonté d'accorder cette dispense ; ce que la loi exige, c'est une dispense expresse, c'est-à-dire résultant tout au moins du contexte même de l'acte contenant la libéralité, et non pas une dispense pouvant s'induire des circonstances de fait et ne reposant que sur des présomptions plus ou moins fortes ou plus ou moins exactes. Est-ce que l'on peut affirmer d'une manière certaine que celui qui a fait une libéralité déguisée a eu l'intention de faire un avantage préciputaire ? Souvent le détour pris pour cacher la libéralité n'aura été employé par le donateur

(1) Pothier, Tr. des succ., ch. 4, art. 2, § 2. Introd. aux cout. Success., art. 3, § 1, n° 77.

qu'afin de ne pas exciter les jalousies de ses autres héritiers et d'échapper ainsi à des récrim'nations et à des obsessions. Il y aura donc tout au moins doute sur la véritable intention du *de cujus*, et dans le doute c'est la faveur de l'égalité qui l'emporte ; on doit donc tenir pour le rapport. Qu'on ne dise pas non plus que du moment où l'on admet la validité des donations déguisées, il y a absurdité à exiger une dispense expresse de rapport, puisque cette dispense viendrait révéler l'existence de la libéralité que le donateur voulait tenir cachée. Cette objection ne serait fondée que si la dispense du rapport devait nécessairement être insérée dans l'acte contenant la libéralité. Mais nous savons que la déclaration de préciput peut être faite par un acte séparé de la libéralité et postérieur , dans un acte en forme .estamentaire par exemple , qui pourra parfaitement être tenu secret jusqu'au décès du *de cujus*. Quant à l'objection tirée des articles 847, 848 et 849, elle se trouve réfutée par ce que nous avons dit pour préciser le sens de ces articles. Ces textes ne supposent pas des donations faites à personnes interposées, ils ont seulement pour but d'abroger l'ancienne jurisprudence qui soumettait le père à rapporter ce qui avait été donné à son fils, le conjoint ce qui avait été donné à son conjoint, et dont il se trouvait avoir profité, alors même qu'il n'y avait aucune interposition de personne, et que le fils ou le conjoint, ou le père de l'héritier, étaient bien les véritables donataires. Que M. Treilhard et M. Tronchet aient donné dans la discussion un autre sens à l'art. 849 ; qu'ils aient pensé que, dans le cas d'interposition de personnes, il y avait dispense virtuelle du rapport, cela est possible. Mais il n'y a là qu'une opinion individuelle qui ne peut prévaloir contre le texte de la loi (art. 843), opinion qui du reste n'était pas partagée par les autres jurisconsultes qui ont

pris part à la rédaction du Code (1). Il reste encore l'objection
tirée de l'art. 918, pour les donations déguisées sous la forme
d'un contrat à titre onéreux. Grand nombre d'auteurs ne voient
dans cet article qu'une disposition exceptionnelle ne s'appliquant
qu'aux ventes à charge de rente viagère ou avec réserve d'usufruit. On dit que dans ces hypothèses, il y a dispense du rapport
parce qu'autrement le donataire ne ressentirait aucun avantage
de la libéralité à raison de la charge de rente viagère ou de la
réserve d'usufruit qui peuvent être réelles et sérieuses. Il y a
une autre réponse à faire à l'argument tiré de l'art. 918. Cette
présomption légale de libéralité dans un acte qui présente toutes
les apparences d'un contrat à titre onéreux, présomption sévère
qui n'admet même pas la preuve contraire, a été uniquement
établie en faveur des héritiers réservataires. On ne donne à l'acte
le caractère de donation qu'en tant qu'il pourrait faire fraude à la
réserve. On ne s'occupe nullement du rapport. Si les autres
héritiers veulent demander le rapport, ils ne peuvent pas invoquer la présomption posée par l'art. 918, mais ils doivent faire
la preuve du déguisement de la libéralité par les moyens ordinaires. Les présomptions légales sont de droit étroit et ne
s'appliquent pas en dehors des cas prévus. Maintenant nous trouvons, dans la section même des rapports, deux textes, les articles 853 et 854, desquels il résulte d'une manière évidente
que les donations déguisées sous l'apparence d'un contrat à titre
onéreux sont rapportables. « Il n'est pas dû de rapport, dit
« l'art. 853, pour les profits que l'héritier a pu retirer de con-
« ventions passées avec le défunt, si ces conventions ne pré-
« sentaient aucun avantage indirect lorsqu'elles ont été faites.

(1) Chabot, Rapp. au Tribunat. Fenet, t. 12, p. 204.

« Donc par *a contrario*, si ces conventions présentaient un
« avantage indirect, ou dissimulaient une libéralité, il y aurait
« lieu au rapport. » L'art. 854 ajoute : « Pareillement, il n'est
« pas dû de rapport pour les associations faites sans fraude
« entre le défunt et l'un de ses héritiers lorsque les conditions
« en ont été réglées par un acte authentique. » Par associations
faites sans fraude, on entend ici les associations réelles, sérieuses,
et qui n'auraient pas pour but de dissimuler un avantage. On a
essayé d'échapper au résultat de ces articles, en disant qu'ils
prévoyaient le cas où des libéralités existeraient, d'une manière
patente dans un acte à titre onéreux, comme dans une vente à
vil prix par exemple, parce qu'alors la libéralité étant constatée
par l'acte même et n'étant pas dissimulée, on ne peut pas dire
qu'il y a intention du donateur de dispenser du rapport. Cette
interprétation est réfutée par l'art. 854, duquel il résulte que
l'association faite en fraude à la loi de l'égalité, c'est-à-dire pour
dissimuler un avantage, donne lieu au rapport. Il est vrai qu'on
a imaginé de dire que cet article ne prévoyait qu'un cas de
réduction et non de rapport. Il suffit de remarquer sa place dans
la section, sa liaison intime avec l'art. 854, pour se convaincre
du contraire. D'autres jurisconsultes ont dit que, par associations
sans fraude, on entendait celles qui étaient faites conformément
aux règles prescrites en matière de société. Cette interprétation
est impossible à admettre. Le législateur, quand il parle de fraude
dans notre section, est dominé par le souvenir des anciens auteurs ; il veut désigner les actes qui auraient pour but de porter
atteinte à la loi qui prescrit l'égalité entre les cohéritiers. Et ce
qui prouve bien que tel est le sens de l'art. 854, c'est cette exi-
gence de la loi, de vouloir que les associations soient constatées
par un acte authentique, c'est-à-dire par un acte qu'on ne pourra

7

faire disparaître et pour lequel la présence de l'officier public sera une garantie de sincérité.

Il faut donc tenir pour certain que les donations déguisées sont rapportables ; mais, comme pour les autres, il peut intervenir des dispenses de rapport dans un acte séparé. Il faudrait voir cette dispense dans la clause du testament par laquelle le testateur défendrait de rechercher l'existence des donations déguisées. La même règle doit s'appliquer aux donations manuelles restées inconnues et que le testateur défendrait de rechercher.

Je crois aussi qu'il faut réputer dispensé du rapport le ₃s fait à un des successibles par personne interposée, car le détour employé ne peut s'interpréter que dans le sens ₁ne dispense de rapport, et la loi ne soumet au rapport, ₁mi les libéralités indirectes, que celles faites par donat₁ns entre vifs (843).

La remise d'une dette, faite soit ouvertement, soit déguisée sous l'apparence d'une quittance donnée après payement, est une libéralité rapportable. De même encore, l'acte par lequel une personne se reconnaîtrait débitrice d'une somme envers un de ses héritiers est une libéralité indirecte, si la dette n'est pas véritable.

La renonciation à une succession, à un legs, à une communauté, ou bien encore l'acceptation d'une communauté mauvaise par une femme qui se met ainsi dans l'impossibilité de reprendre son apport dans le but d'avantager certains successibles au détriment des autres, constitue-t-elle une libéralité rapportable ? Pothier sur ces questions avait d'abord enseigné la négative dans son Introduction à la coutume d'Orléans, titre des Successions, n° 79 : « Observez, dit-il, qu'il n'y a d'avantages indi-

« rects sujets à rapport que ceux par lesquels le défunt fait pas-
« ser quelque chose de ses biens à l'un de ses enfants. Par cette
« raison, je ne serais pas de l'avis de Lebrun (liv. 3, chap. 6,
« sect. 3, n° 11), qui dit que c'est un avantage sujet à rap-
« port, lorsqu'un père renonce à la succession de son frère pour
« favoriser ses enfants mâles, qui, venant à la succession à son
« défaut, excluront leurs sœurs dans les fiefs de cette succes-
« sion ; car le père, par cette renonciation, ne fait rien passer de
« ses biens à ses enfants. Les biens de la succession à laquelle
« il a renoncé ne lui ont jamais appartenu, ses enfants les
« tiennent directement de leur oncle, et non de leur père. Sui-
« vant le même principe, l'avantage que ressentent les enfants
« d'un second lit de la renonciation que fait leur mère à une
« communauté opulente qui était entre elle et feu leur père, ne
« doit pas être sujette à rapport envers leurs frères et sœurs du
« premier lit : ils sont censés tenir de leur père le total des biens
« de cette communauté, dans laquelle la mère qui y a renoncé,
« est censée n'avoir jamais eu aucune part. D'ailleurs, la femme,
« dans ce cas, use du droit qu'elle a de choisir le parti de l'accep-
« tation ou de la renonciation à la communauté. On doit présu-
« mer que le parti qu'elle prend est celui qu'elle juge lui con-
« venir le mieux, plutôt que de supposer en elle la volonté d'a-
« vantager ses enfants du second lit, et ce serait donner lieu à
« des discussions et à des procès, si les enfants du premier lit
« étaient admis à discuter les forces de la seconde communauté,
« et l'intention qu'a pu avec leur mère en y renonçant. Par la
« même raison on ne doit pas regarder comme avantage sujet à
« rapport celui que fait une femme à ses enfants du second lit,
« en acceptant la communauté du second mariage, quoique mau-
« vaise, et se privant par là de la faculté qu'elle aurait eue de

« reprendre son apport en renonçant, à moins que la fortune du
« mari en fût notoirement renversée. » En faveur de la doctrine
de Pothier on peut encore invoquer l'autorité du droit romain.
Ulpien et Julien (Dig., *de donat. inter vir. et uxorem*, l. 5, § 13
et 14) regardaient la renonciation à une succession ou à un legs
comme ne constituant pas une véritable donation. Aussi la renonciation pouvait-elle se faire par un conjoint au profit de l'autre,
bien qu'entre eux les libéralités fussent prohibées. Voici le texte
d'Ulpien : « *Si maritus hæres institutus repudiet hæreditatem
donationis causa, Julianus scripsit, lib. 17 Digestorum, donatio-
nem valere. Neque enim pauperior fit, qui non adquirat, sed
qui de patrimonio suo deposuit. Repudiatio autem mariti mu-
lieri prodest, si vel substituta sit mulier, vel etiam ab intestato
hæres futura.* »

Dans son *Traité des Successions*, chap. 4, art. 2, § 2, Pothier
maintient ce qu'il a dit pour la renonciation à succession, mais
il change d'avis pour la renonciation à communauté qu'il considère comme pouvant constituer une libéralité rapportable. Voici
comment il réfute lui-même la doctrine qu'il avait précédemment
émise : « On peut dire pour le rapport que la femme avait un
« vrai droit en la communauté qui, par sa renonciation, a passé
« d'elle à ses enfants; que le mari, en contractant communauté
« avec sa femme, a contracté l'obligation de lui accorder part
« dans tous les biens de la communauté lors de la dissolution;
« que ses biens sont passés à ses enfants *cum ea causa*, avec
« cette obligation qu'il en résultait un droit au profit de la femme
« contre les enfants; que la femme, en renonçant à la commu-
« nauté, a fait passer ce droit par la remise qu'elle leur en a faite,
« et que c'est, par conséquent, un avantage sujet à rapport
« comme l'est celui qu'un père créancier de son fils ferait à son

« fils, en lui remettant ce qu'il lui doit. La femme qui renonce
« à la communauté ressemble en quelque façon à un associé en
« commandite qui abandonne sa part dans la société, pour être
« quitte des dettes. Certainement si un père associé en comman-
« dite avec son fils lui abandonne sa part dans une société
« manifestement opulente, on ne pourrait pas disconvenir que
« ce ne fût un avantage sujet à rapport. On doit dire de même
« que l'abandon que fait la mère à ses enfants de sa part dans
« une communauté avantageuse par la renonciation qu'elle fait
« à la communauté est un avantage sujet à rapport. » Plus loin,
Pothier, revenant également sur l'opinion qu'il avait professée
dans son Introduction au titre des Successions, décide que la
femme qui accepte une communauté mauvaise, et se prive
ainsi du droit d'exercer la reprise de son apport, fait aux héritiers de son mari une libéralité indirecte rapportable. En effet,
dit-il, la femme avait un droit acquis à exercer la reprise de son
apport, droit qui dépendait seulement d'une condition entièrement potestative de sa part ; en acceptant la communauté elle
fait remise aux héritiers du mari d'un droit qui était dans son
patrimoine ; elle s'appauvrit pour enrichir certains de ses héritiers au détriment des autres ; il y a là une véritable libéralité
venant rompre l'égalité et donnant par conséquent ouverture
au rapport.

Lebrun, qui enseignait que la renonciation par un père à une
succession dans le but d'avantager ses enfants, constituait bien
une véritable libéralité rapportable, professait l'opinion contraire
pour la renonciation à communauté (*Traité des Successions*,
liv. 3, chap, 6, sect. 3, nᵒˢ 11 et 23).

Il est évident, sous le Code Nap., que l'on doit adopter pour
la renonciation à communauté la dernière opinion professée par

Pothier, et décider que cette renonciation faite au profit des enfants d'un second lit constitue à leur égard une libéralité soumise au rapport. Le mari n'est plus, comme dans l'ancien droit, seigneur et maître de la communauté ; la femme était copropriétaire, même durant le mariage, des biens communs ; par sa renonciation, elle abandonne sa copropriété pour la faire passer d'une manière indirecte sur la tête de ses enfants du second lit. De même encore, lorsqu'une femme qui a des enfants de deux mariages accepte la communauté qui existait entre elle et son second mari, et se prive aussi du droit d'exercer la reprise de son apport qu'elle avait stipulé, elle fait aux enfants du second lit un avantage indirect qui donne ouverture au rapport.

La renonciation à une succession avantageuse doit également, d'après les principes du Code Napoléon, être considérée comme constituant une libéralité à l'égard de ceux à qui elle profite. Qu'il en ait été autrement dans le droit romain, cela se conçoit, car le principe de la saisine était alors inconnu. Tant qu'une succession n'était pas acceptée, l'héritier n'avait aucun droit aux biens héréditaires. En renonçant il ne perdait pas un droit de propriété, puisqu'il n'en avait jamais eu ; il ne s'appauvrissait pas, il manquait seulement de s'enrichir ; aussi la renonciation à une succession ne pouvait jamais être critiquée par les créanciers de l'héritier (L. 6, Dig., § 2, *quæ in fraud. cred.*). Ces principes sont loin d'être ceux de notre droit français ; au contraire, d'après l'art. 724 du Code Napoléon, les héritiers à qui une succession est dévolue en sont saisis de plein droit, ils sont propriétaires des biens héréditaires, ils en ont même la possession civile ; c'est l'application de la vieille maxime : *le mort saisit le vif.* Aussi l'héritier qui renonce à une succession avantageuse en fraude des droits des créanciers, peut voir sa renonciation attaquée par ces derniers, car il s'est dessaisi d'un droit acquis et a véritablement diminué son patrimoine (788). Par la même raison, il faut dire que si la renonciation a été faite dans le but d'avantager un des successibles, ce qui n'est qu'une question de fait, elle constitue à son profit une libéralité indirecte soumise au rapport.

Ce que nous disons de la renonciation à une succession est applicable à la renonciation à un legs. En effet, quoique le légataire n'ait pas en général la saisine, il est néanmoins propriétaire de la chose léguée dès le jour du décès du testateur; dès ce moment, il a un droit acquis et transmissible à ses héritiers; s'il renonce, il diminue donc son patrimoine, et si cette renonciation est faite par le légataire dans le but d'avantager un de ses successibles au détriment des autres, elle constitue une libéralité indirecte rapportable.

D'après l'art. 851, le rapport est dû de ce qui a été employé pour l'établissement d'un des successibles; il s'agit de l'établissement par mariage au moyen d'une constitution de dot, ou bien encore de l'établissement qui a lieu par l'acquisition d'un fonds de commerce, d'un office d'avoué ou de notaire. Le rapport est encore dû, d'après l'art. 851, de ce qui a été employé pour le payement des dettes d'un des héritiers. En effet, l'héritier dont on a ainsi payé les dettes a éprouvé une libéralité indirecte. ,

Lorsqu'un père a payé les dettes excessives contractées par son fils mineur, je ne pense pas qu'il y ait lieu au rapport. C'est l'opinion émise par MM. Berlier et Regnauld de Saint—Jean-d'Angely devant le conseil d'État. En effet, le fils n'était pas tenu de payer les dettes de cette nature; le père, en les acquittant, ne lui a procuré aucun avantage pécuniaire. En forçant le

fils au rapport de ce qui aura été ainsi payé, il arriverait, comme
le faisait observer M. Berlier, que malgré toutes les précautions
prises par la loi pour empêcher qu'un mineur pût contracter
et s'obliger valablement, ce mineur aurait pu, en un jour et à
l'avance, dissiper toute sa fortune à venir, uniquement parce
qu'il aurait plu à son père de payer une dette illégale. Le rapport doit être restreint aux dettes pour le payement desquelles
l'héritier aurait pu être poursuivi en justice. D'ailleurs, si le
fils a fait, étant encore mineur, de folles dépenses, n'est-ce pas
souvent à cause du défaut de surveillance du père? et si celui-ci
paye, c'est autant dans l'intérêt de sa considération personnelle que
de celle de son fils. Cette doctrine si rationnelle qui était, quoi
qu'on ait pu dire, celle de nos anciens auteurs, paraît, il
est vrai, n'avoir pas été partagée par la majorité des membres du
conseil d'État (1). Elle est cependant la seule qui soit comman-
dée par les principes généraux du droit et aussi par le texte
même de la loi, en dépit de l'opinion contraire des membres du
conseil d'État, qui après tout n'ont pas contribué seuls à la rédaction de la loi. En payant une dette nulle, inexistante, le père
a-t-il fait une libéralité à son fils, pécuniairement parlant? Évidemment non; s'est-il constitué son créancier? Encore moins.
Comme en définitive il ne peut y avoir de rapport que pour ce
qu'un héritier a reçu par libéralité ou pour ce dont il se trouve
débiteur envers le *de cujus*, il est impossible dans notre hypothèse particulière d'obliger le fils à rapporter.

Le rapport est dû de ce que le *de cujus* a payé pour faire rem-
placer un de ses successibles au service militaire. En effet, l'obligation du service militaire constitue en réalité une dette person-

---

(1) Fenet, t. 12, p. 67 et suiv.

nelle à l'héritier, dette dont on l'affranchit par le remplacement. Toutefois, le rapport n'aurait pas lieu si c'était dans l'intérêt de la famille dont l'héritier était le soutien, plutôt que dans l'intérêt de cet héritier, qu'eût été fait le remplacement.

Si un père a contracté pour son fils une assurance contre les chances de la conscription, quoique le fils se soit trouvé exempté du service par le sort, il ne doit pas moins rapporter ce qui a été payé pour l'assurance, bien qu'en fait elle n'ait pas été utile. Il y avait un contrat aléatoire; le fils était appelé à profiter des chances favorables, il doit également subir les chances défavorables; N'est-ce pas d'ailleurs l'acte d'un père de famille prudent que de faire assurer son fils?

Il y a certaines choses que la loi excepte du rapport : « Les « frais de nourriture, d'éducation, d'apprentissage, les frais or- « dinaires d'équipement, ceux de noces et présents d'usage ne « doivent pas être rapportés, » dit l'art. 852, qui ne fait en cela que reproduire à peu près la règle de l'ancien droit coutumier. « Les nourritures, entretenements, instructions et apprentis- « sages d'enfants ne se rapportent, » portait l'art. 309 de la coutume d'Orléans. La loi fait une distinction entre les frais d'établissement et les frais d'éducation : les premiers sont soumis au rapport (851) ; les seconds en sont dispensés (851).

Les frais d'éducation comprennent les dépenses faites pour l'achat des livres et l'acquisition des grades universitaires, sans qu'il y ait lieu de distinguer, comme le faisaient certaines de nos anciennes coutumes, entre le grade de licencié et celui de docteur. Le doctorat comme la licence ne confère que de simples aptitudes et ne procure pas un établissement.

On a quelquefois prétendu que la dispense du rapport pour les frais de nourriture et d'éducation est une conséquence de l'art. 203 du Code Nap., qui impose aux parents l'obligation d'entretenir, élever et nourrir leurs enfants ; c'est là un faux point de vue. D'abord, l'art. 203 commande bien aux parents d'entretenir et élever leurs enfants, mais il ne leur impose pas l'obligation de leur donner l'éducation scientifique et littéraire ; en outre, l'art. 203 n'impose l'obligation alimentaire aux parents que quand les enfants n'ont pas eux-mêmes une fortune personnelle suffisante pour faire face à leurs besoins ; enfin, les collatéraux ne sont pas tenus des prestations alimentaires. Cependant la dispense accordée par l'article 852 s'applique aux dépenses faites même pour un enfant qui aurait une fortune personnelle, même à celles faites pour un collatéral. C'est donc ailleurs que dans l'art. 203 qu'il faut chercher le motif de l'art. 852. Si les frais de nourriture, d'éducation, de noces, d'équipement et les simples présents d'usage ne sont pas soumis au rapport, ce n'est pas parce que le *de cujus* y était tenu, c'est parce que toutes ces dépenses sont en général modiques, et sont censées prises sur les revenus. On présume que le *de cujus* alors même qu'il n'aurait pas fait la libéralité, n'aurait pas pour cela capitalisé ses revenus ; on suppose qu'il les aurait employés autrement, en augmentant par exemple les dépenses de sa maison : *lautius vixisset*. La succession ne se trouve donc pas en réalité diminuée par ces sortes de libéralités ; c'est pourquoi le rapport n'est pas dû.

L'art. 852 n'est applicable qu'au cas d'une donation entre vifs ; au contraire, le legs que le défunt aurait fait à l'un de ses successibles d'une pension alimentaire ou d'une somme devant servir aux frais d'éducation ne serait pas de plein droit et sans dispense expresse réputé fait par préciput et hors part.

Les fruits de la chose donnée ne sont pas rapportables ; le donataire les gagne jusqu'à l'ouverture de la succession. Cette dispense de rapport est fondée sur plusieurs motifs : le donataire n'aurait pas capitalisé ces fruits, il les aurait dépensés ; en outre, en faisant la donation, le donateur a eu l'intention de procurer à son successible un avantage qui consiste précisément dans la jouissance de la chose ; si le donataire était tenu de rapporter tous les fruits qu'il a perçus, la libéralité, loin de lui être avantageuse serait souvent désastreuse pour lui qui probablement a dépensé les fruits à mesure qu'il les percevait ; une restitution en bloc pourrait quelquefois amener sa ruine. Pour les fruits industriels, on peut encore ajouter une autre raison, c'est qu'ils sont autant le produit du travail du donataire que de la chose donnée.

Ce que nous disons des fruits doit s'appliquer aux intérêts des sommes données ; ces intérêts seront gardés par le donataire.

Mais à partir de l'ouverture de la succession, la donation rapportable se trouve pour ainsi dire résolue ; le donataire cesse d'être propriétaire de la chose donnée qui rentre à la masse de la succession ; à partir de ce moment donc, il cessera de gagner les fruits, et si la donation consiste en une somme d'argent, il en devra les intérêts au taux légal.

Le donataire par avancement d'hoirie se trouve à peu près dans la position d'un usufruitier ; c'est l'ouverture de la succession qui marque la fin de sa jouissance. Les fruits naturels et industriels sont acquis par la perception, et les fruits civils jour par jour.

Si c'était un usufruit ou une rente viagère qui fît l'objet de la donation, le donataire garderait les fruits et arrérages échus à l'ouverture de la succession ; ce ne sont pas les fruits et arré—rages, mais bien l'usufruit et la rente viagère dont les fruits et arrérages ne sont que les produits qui ont été donnés. Il faut appliquer par analogie l'art. 588 du Code Napoléon.

§ 6. — DU RAPPORT DES SOMMES DONT L'HÉRITIER EST DÉBITEUR.

Nous avons déjà eu occasion de dire que dans l'ancien droit les enfants étaient tenus de rapporter, non-seulement les sommes qui leur avaient été données, mais encore celles qui leur avaient été simplement prêtées et dont ils se trouvaient débiteurs. On était allé plus loin, et même dans le cas où le capital reçu par l'enfant héritier n'était pas exigible parce qu'il formait le prix d'une constitution de rente, il y avait lieu néanmoins au rapport. Voici comment Pothier s'exprime à cet égard : « On a « poussé si loin l'exactitude des rapports, qu'on a obligé l'en- « fant au rapport, non-seulement des sommes qui lui auraient « été données, mais même de celles qu'il aurait reçues pour « prix d'une constitution de rente qu'il aurait constituée à son « père ou à sa mère. On a jugé que ce serait un avantage indi- « rect si un père faisait, par ce moyen, passer son argent comp- « tant à l'un de ses fils, pendant que les autres n'auraient à la « place qu'une simple créance ou une simple rente contre leur « frère (1). » Pothier, dans le chapitre où il parle du rapport, ne dit rien de l'hypothèse où l'un des héritiers aurait été débiteur à un autre titre qu'un prêt ou une constitution de rente; ainsi, un immeuble avait été vendu par un père à son fils avec un terme pour le payement du prix, y avait-il lieu au rapport du prix, bien

_____

(1) Pothier, Tr. des Succ., ch. 4, art. 2, § 2.

que le terme ne fût pas encore échu à l'ouverture de la succession? Je pense que l'enfant devait rapporter, et cela par *a for-
tiori* de ce qui était décidé pour le cas de la rente constituée.
Puisque l'on ordonnait la restitution d'un capital qui, d'après la
nature du contrat de rente, ne pouvait être demandée, à plus forte
raison ne devait-on se faire aucun scrupule d'anticiper de quelques
années le remboursement d'une simple dette de somme d'argent.
Lebrun, Denisart, Bourjon nous enseignent comme Pothier que
l'enfant héritier devait le rapport à la masse héréditaire des
sommes qui lui avaient été prêtées ou qu'il avait reçues pour prix
d'une constitution de rente. Ils vont même jusqu'à dire qu'en
ligne ascendante ou collatérale, où le rapport n'avait cependant
pas lieu, l'héritier qui était débiteur du *de cujus* devait imputer
sa dette sur sa part héréditaire. Il arrivait de cette façon que les
cohéritiers avaient pour se rembourser un droit de préférence
sur les biens de la succession contre les créanciers personnels
de l'héritier débiteur. Cette décision était fondée sur l'obligation
de la garantie qui existe entre les cohéritiers. « L'on a trouvé,
« dit Lebrun, le rapport ou l'imputation de la dette de l'héritier
« envers le défunt sur sa part héréditaire si juste et si raison-
« nable, qu'encore qu'il soit constant qu'en la coutume de Paris,
« et en semblables, le rapport n'a pas lieu en collatérale, néan-
« moins on a prétendu que l'on pouvait imputer à l'héritier col-
« latéral sur sa portion héréditaire ce qu'il devait à la succession,
« au préjudice de ses créanciers dont la créance était antérieure
« à celle du défunt. » Après avoir exposé les raisons en faveur
de cette doctrine et les objections qu'on y peut faire, il conclut en
faveur de l'imputation. « Ce qui détermine dans cette question,
« dit-il, c'est que les lots étant garants les uns des autres, il
« est certain que la part du cohéritier serait responsable de son

« insolvabilité. » Denisart et Bourjon (1) admettent l'opinion de Lebrun, qui paraît bien aussi être, en définitive, celle de Pothier. Cet auteur, lorsqu'il traite des objets de l'action en partage, y comprend les prestations personnelles que se doivent les cohéritiers, et dans ces prestations personnelles rentrent précisément les dettes d'un héritier envers la succession. « La seconde es-« pèce des prestations personnelles, dit-il, a pour raison ce que « l'un des héritiers devait au défunt ou doit à la succession. Il en « confond sur lui une part pour la part dont il est héritier, *et il est* « *tenu de payer le surplus à ses cohéritiers qui ont, chacun pour* « *la part dont il est héritier, droit de la demander par l'action* « *de partage* (2). » On voit qu'ici Pothier ne distingue pas entre les enfants, ou les ascendants et les collatéraux. Le système de l'imputation des dettes avait donc triomphé dans l'ancien droit, malgré de rares protestations.

Les rédacteurs du Code Napoléon ont-ils brisé avec cette ancienne jurisprudence? Je ne le crois pas, et l'art. 829 me paraît au contraire la reproduire d'une manière formelle. « Chaque « cohéritier, dit-il, fait rapport à la masse suivant les règles « qui seront ci-après établies, des dons qui lui auront été faits « *et des sommes dont il est débiteur.* » Il est question ici des sommes dont l'héritier est débiteur en général, et l'on ne recherche pas quelle est la cause de la dette; on ne distingue pas entre le prêt gratuit et le prêt à intérêt, entre le contrat de bienfaisance et le contrat à titre onéreux.

---

(1) Lebrun, Tr. des Succ., liv. 3, ch. 6, sect. 2, n° 7. Bourjon, Droit commun de la France, tit. 17, 2ᵉ part., chap. 6, sect. 2, n° 8; sect. 4, nᵒˢ 47 à 50. Denizart, vᵒ Rapport, n° 70.

(2) Pothier, Tr. des Succ., ch. 4, art. 1, § 3.

De l'art. 829, ainsi interprété, il résulte : 1° que l'héritier qui avait un terme pour le payement s'en trouve déchu ; l'imputation se fait dans le partage ; 2° que quand la dette ne produisait pas d'intérêt, elle commence à en produire du jour de l'ouverture de la succession (856). En outre, les héritiers se trouvent avoir, ainsi que nous l'expliquait Lebrun, un droit de préférence sur les biens de la succession contre les créanciers personnels de leur cohéritier débiteur. Cette théorie, juste en ce qu'elle assure aux héritiers ce droit de préférence, n'est pas, sous d'autres points de vue, à l'abri de toute critique. Le successible qui traite avec son parent comme il l'aurait fait avec un étranger, qui dans un contrat à titre onéreux, comme une vente, stipule un terme pour le payement ou une franchise d'intérêt, qui dans un prêt prend une longue échéance pour la restitution, va se voir, par l'effet du rapport, déchu du terme et obligé de payer les intérêts. Il y a quelque dureté dans ce résultat ; aussi la jurisprudence moderne tend-elle à restreindre l'application de l'art. 829 au cas où la dette résulte d'un contrat fait dans l'intérêt de l'héritier, comme un prêt sans intérêt par exemple. Quelques auteurs vont plus loin et prétendent même que sous l'empire du Code Napoléon le rapport ne peut s'appliquer qu'aux donations et ne doit pas atteindre les sommes dont l'héritier est débiteur ; que celui-ci doit jouir, pour le remboursement, du terme ou de la franchise d'intérêt. Ce dernier système est trop en contradiction avec l'art. 829 pour qu'on puisse l'admettre. Quant à la distinction que tend à introduire la jurisprudence, elle me paraît également repoussée par la tradition historique. Si elle avait été dans l'intention des rédacteurs du Code, ils n'auraient pas manqué, en présence de l'ancienne doctrine, de la formuler nettement. Loin de là, ils ont dit d'une manière générale que l'héritier rapporterait les sommes dont il se trouverait être débiteur envers la succession ; et cette théorie, comme disait Lebrun, est moins une conséquence du principe de l'égalité entre les héritiers sur lequel est fondé le rapport, que de l'obligation de la garantie, obligation qui est consacrée par notre Code dans l'art. 884.

La combinaison de l'art. 829 avec l'art. 848, 2° alinéa, pour le cas de succession par représentation, mène à une conséquence souvent bien rigoureuse. Un père fait à un de ses fils de fortes avances ; celui-ci meurt insolvable, laissant pour héritier un enfant qui renonce. Plus tard, l'aïeul vient lui-même à décéder ; si le petit-fils accepte la succession de l'aïeul à laquelle il se trouve appelé par représentation, il devra rapporter ce que devait son père, bien qu'il ait renoncé à sa succession; elle l'oblige à payer les dettes de celui qu'il représente.

L'héritier débiteur de la succession joue un double rôle vis-à-vis de ses cohéritiers; lorsqu'il accepte, il est mis sur le même pied que le donataire, il doit le rapport. S'il renonce, il reste simple débiteur ; ce dont l'affranchit la renonciation, ce n'est pas de payer ; mais il pourra au moins, pour le payement, réclamer le bénéfice du terme; et si la dette a été stipulée non productive d'intérêts, il ne sera pas tenu d'en payer. Vis-à-vis des créanciers de la succession, la position de l'héritier débiteur est toujours la même, qu'il accepte ou qu'il renonce. Les créanciers héréditaires pourront donc, comme exerçant les droits de la succession, poursuivre toujours le payement des sommes dont l'un des héritiers serait débiteur, en attendant toutefois l'échéance de la dette. Ce que nous disons des créanciers de la succession s'applique également aux légataires, qui pourront réclamer l'exécution de leurs legs sur les sommes dont l'héritier est débiteur. On a dit souvent que les articles 845 et 857 étaient

inapplicables au rapport des dettes ; cela ne me paraît pas complétement exact. Sans doute, l'héritier qui renonce reste toujours
tenu de payer ce qu'il doit à la succession ; mais ce n'est plus
alors à titre de rapport, c'est comme simple débiteur. Sa condition sera meilleure que lorsqu'il accepte et qu'il est tenu du rapport, puisqu'il pourra jouir du bénéfice du terme ou de la faculté
de ne pas payer d'intérêts si la dette n'en produit pas. De même
encore, il est vrai que les créanciers de la succession et les légataires peuvent demander à l'héritier le payement de ce qu'il doit ;
mais ce qu'ils demandent, c'est un simple payement et non pas
un rapport avec toutes ses conséquences, telles que la déchéance
du terme et l'obligation de payer les intérêts.

Lorsque l'un des héritiers débiteur du *de cujus* est tombé en
faillite et a obtenu un concordat par lequel il lui a été fait remise
de partie de sa dette, doit-il, lorsque la succession s'ouvre, rapporter seulement les dividendes promis par le concordat, ou
bien doit-il rapporter la dette entière? Pothier décidait que
l'héritier devait le rapport de la somme entière, et non pas seulement du dividende. « La raison, dit-il, est que l'héritier ne
« peut disconvenir que cette somme lui a été prêtée, et que le
« rapport est dû des sommes prêtées également comme des
« sommes données. » Cette doctrine a été admise par grand
nombre de jurisconsultes, mais elle est repoussée par la Cour
de cassation, et avec raison je pense. En effet, la remise faite
dans un concordat a pour effet d'éteindre la dette civilement ; et,
d'un autre côté, elle ne constitue pas une donation. Les créanciers qui consentent à remettre leur débiteur failli à la tête de
ses affaires, qui pour cela lui accordent un concordat d'après lequel ils réduisent leur créance de 50 °/₀, n'ont pas l'intention de
lui faire une libéralité. La remise partielle qu'ils font est tout à

fait intéressée; ils abandonnent en gens prudents une moitié de leur créance pour sauver l'autre moitié. A quelque point de vue donc qu'on se place, on ne peut décider qu'il y a lieu au rapport de la fraction de la dette remise par concordat. Il me paraît impossible, en effet, d'échapper à ce raisonnement : le rapport est dû pour ce qui a été donné à l'héritier ou ce dont il se trouve débiteur; or, la portion de la dette dont il a été fait remise par le concordat n'est plus due; d'un autre côté, cette remise n'est pas une donation; donc on ne peut exiger le rapport. On a objecté que la remise n'entraînait pas une libération complète; que le Code de commerce, en effet, imposait au failli le payement de la dette entière, s'il voulait arriver à la réhabilitation (Code de comm., 604 et suiv.). Je ne crois pas cette objection fondée. La dette subsiste toujours sans doute comme obligation naturelle; mais elle est éteinte comme obligation civile, puisque le failli ne peut plus être poursuivi en justice. Les dettes dont le rapport est dû sont évidemment celles dont le payement pourrait être réclamé en justice.

Nous savons que d'après l'art. 849, le conjoint successible ne doit pas rapporter ce qui a été donné à son conjoint, alors même qu'il en aurait profité par l'effet du régime matrimonial auquel ils sont soumis. Que devra-t-on décider pour ce qui a été simplement prêté? Ainsi, un beau-père prête à son gendre une somme de 10,000 francs; nous supposons les époux mariés sous le régime de la communauté; la fille devra-t-elle le rapport à la succession de son père? Lebrun et Pothier se livrent à d'assez longues dissertations sur cette question. Voici les décisions qui me paraissent en harmonie avec les règles que nous venons d'exposer sur le rapport et celles qui régissent la position des époux mariés sous le régime de communauté : le mari, en em-

pruntant à son beau-père s'est constitué débiteur et il a obligé
la communauté (1409-2°). Si nous supposons la communauté
dissoute, soit par la mort du mari, soit par la séparation de
biens, il pourra se présenter deux hypothèses : ou bien la
femme renoncera, alors elle ne sera tenue d'aucune des dettes
de la communauté (sauf celles qui y sont entrées de son chef) ;
donc elle ne devra pas le rapport, puisque d'une part elle n'a
rien reçu personnellement, ni à titre de prêt, ni à titre de donation, et que d'un autre côté elle n'est débitrice d'aucune somme ;
si elle accepte la communauté, elle est tenue des dettes jusqu'à
concurrence de son émolument, ou de moitié au plus (en supposant l'actif suffisant pour faire face au passif) ; la femme alors
devra le rapport à la succession de son père dans la proportion
de la somme dont elle est débitrice (829). Si à la mort du père
la communauté subsiste encore, il y a plus de difficulté, car
on ne sait encore quel parti la femme prendra dans la communauté. Voici, je crois, dans cette hypothèse, la distinction qu'il
faut faire : si la succession dévolue à la femme est purement
immobilière, la femme ne devra pas le rapport, car pendant la
communauté elle ne peut être poursuivie sur ses propres pour
les dettes contractées par son mari ; or, la portion de succession qui va lui échoir lui est propre ; mais si dans la succession
à laquelle la femme est appelée, il y avait des valeurs mobi-
lières, comme la part qui sera attribuée à la femme va tomber dans la communauté, il me paraît juste d'imputer sur cette
part ce que doit la communauté. La femme n'en éprouvera aucun préjudice. Cette solution me paraît dictée par l'esprit de
l'art. 829.

§ 7. — COMMENT SE FAIT LE RAPPORT ET QUELS SONT SES EFFETS.

Le rapport des choses données entre-vifs a lieu, d'après l'art. 858, en nature ou en moins prenant ; en nature, lorsque la chose même qui a été donnée est remise dans la masse à partager ; en moins prenant, lorsque l'héritier donataire impute ce qu'il a reçu sur sa part héréditaire qui se trouve diminuée d'autant, ou laisse ses cohéritiers faire des prélèvements sur l'actif de la succession pour compenser la donation. A ces deux modes, il faut en ajouter un troisième dont la loi ne parle pas, et qui se distingue cependant des deux autres. Il y a des cas où le rapport ne se fera ni en nature, ni en moins prenant, mais bien au moyen d'un équivalent ; ainsi, par exemple, l'héritier donataire d'un immeuble l'a aliéné, le rapport en nature n'est pas possible comme nous le verrons plus tard (art. 860) ; si d'un autre côté l'actif de la succession ne suffit pas pour que les autres héritiers puissent prélever une valeur égale à ce qui a été donné, ou s'il n'y a pas du tout d'actif, le rapport en moins prenant est matériellement impossible. L'héritier avantagé devra alors payer de ses deniers personnels la valeur de l'immeuble qu'il avait reçu en avancement d'hoirie.

Le Code Napoléon, rédigé sous l'influence des idées anciennes, à une époque où la propriété mobilière n'avait pas pris l'immense développement qu'elle a atteint aujourd'hui, attache une grande importance à la possession des immeubles ; c'est pourquoi, en principe, il en exige le rapport en nature. Il en était ainsi sous l'empire des coutumes de Paris et d'Orléans. « L'enfant dona- « taire sujet au rapport, disait Pothier, n'est pas débiteur du « rapport de la valeur de l'héritage qui lui a été donné, il est

« débiteur de l'héritage même en essence et espèce, ce qui a été
« prescrit pour établir entre les enfants venant à la succession
« une égalité parfaite, qui ne le serait pas si l'un pouvait con-
« server de bons héritages, pendant que les autres n'auraient que
« de l'argent dont ils auraient souvent de la peine à faire un bon
« emploi. » Notre Code, reproduisant ces idées, ne considère le
partage comme juste et égal qu'autant qu'il attribue à chaque
héritier la même quantité d'immeubles, de meubles et de
créances ou autres droits (834). Pothier poussait la rigueur
jusqu'à décider que le donateur ne pouvait pas dispenser le donataire du rapport en nature, en lui permettant de rapporter la
valeur estimative au lieu de la chose même. Il est évident qu'aujourd'hui où le *de cujus* peut dispenser complétement du rapport, il peut à plus forte raison dispenser du rapport en nature.
Qui peut le plus peut le moins. Mais le *de cujus*, bien entendu,
ne jouit de cette faculté que dans les limites de la quotité disponible, et il ne peut porter atteinte à la réserve (1).

Dans le cas de rapport en nature, l'immeuble rentre à la
masse héréditaire pour être compris au partage dans l'état où il
se trouve. La donation par avancement d'hoirie est censée faite
sous cette condition résolutoire : *si le donataire est héritier*. Le
successible qui est soumis au rapport d'un immeuble est donc
débiteur d'un corps certain. Il doit la chose dans l'état où elle
se trouve au jour où se fait la remise. Si l'immeuble venait à
périr avant le partage, l'héritier serait libéré de l'obligation de le
remettre à la masse héréditaire. Il importe peu que ce soit avant
ou après l'ouverture de la succession que la perte ait eu lieu. Si

---

(1) Pothier, Tr. des Succ., ch. 8, art. 2, § 7.

elle a eu lieu avant l'ouverture de la succession, l'obligation de rapporter n'a pu prendre naissance faute d'objet; si elle n'a eu lieu qu'après, l'obligation de restituer a bien pris naissance, mais elle s'est ensuite éteinte par la perte de la chose due ; c'est le cas d'appliquer la maxime : *debitor rei certæ interitu rei libe-ratur* (1302-855). Ou bien encore, on peut dire pour cette dernière hypothèse que la donation s'est trouvée résolue de plein droit; que cette résolution a fait rentrer l'immeuble dans la masse héréditaire, que l'hérédité étant devenue propriétaire de l'immeuble, c'est pour elle qu'il a péri, *res perit domino*. Ce que nous disons de la perte totale de la chose s'applique aussi à la perte partielle. On ne tiendra donc pas compte des détériorations qui seront survenues à l'immeuble par des causes fortuites et étrangères au donataire. Par une juste réciprocité, la succession profitera des améliorations et augmentations qui ne proviendront pas du fait de l'héritier, comme l'alluvion par exemple. C'est du reste au donataire qui invoque le cas fortuit pour se dégager des risques de la chose due, et qui prétend être libéré de l'obligation de rapporter ou de tenir compte des détériorations, à faire la preuve de ce cas fortuit.

Il y a deux cas où le donataire est dispensé du rapport en nature, c'est : 1° lorsqu'il existe dans la succession d'autres immeubles de même nature, valeur et bonté que celui qui a été donné, et dont on peut faire des lots égaux pour les autres héritiers ; 2° lorsque le donataire a aliéné l'immeuble donné.

Quand il y a dans la succession des immeubles que peuvent prendre les autres héritiers, pourquoi enlèverait-on au donataire celui qu'il possède depuis longtemps peut-être, auquel il s'est attaché, qu'il a sans doute amélioré et embelli, sur lequel il a pu concéder des droits à des tiers? Pourquoi briser son droit de propriété, alors que le partage pourrait lui attribuer précisément le même immeuble qu'il aurait été obligé de rendre? L'équité et l'intérêt des tiers parlent donc en faveur du donataire, qui devra garder par imputation sur sa part héréditaire l'immeuble dont il est en possession. Les autres héritiers n'y perdront rien puisqu'il existe dans la succession d'autres immeubles de même nature qu'ils pourront prélever à l'exclusion du donataire, desquels ils pourront se faire des lots égaux (830). S'il y avait une légère inégalité, elle se compenserait au moyen de soultes en argent ou en rentes (832).

Quand l'immeuble donné en avancement d'hoirie a été aliéné par le donataire, la rigueur des principes devrait conduire à décider que la vente se trouve résolue en même temps que la donation par l'effet du rapport : *soluto jure dantis, solvitur jus accipientis*. Le donataire n'était propriétaire de l'immeuble que sous la charge du rapport dans le cas où il viendrait à la succession; il n'avait, en d'autres termes, qu'une propriété résoluble; il semble au premier abord qu'il n'a pas pu transférer à l'acquéreur un droit incommutable : *nemo plus juris in alium transferre potest, quam ipse habet*. Mais dans l'intérêt du donataire qui se serait trouvé exposé à des recours en garantie souvent ruineux, dans l'intérêt des tiers à qui il importe de n'être pas dépouillés de ce qu'ils ont légalement acquis, et aussi dans l'intérêt général qui demande que la libre circulation des biens ne soit pas entravée, on a cru devoir faire fléchir la rigueur des principes. On a donc admis que dans le cas d'aliénation, cette aliénation serait respectée, que l'acquéreur garderait l'immeuble par lui acheté de l'héritier donataire, et que celui-ci en conséquence ne devrait le rapport qu'en moins prenant et non plus en nature.

C'était déjà la théorie de notre ancien droit coutumier. Entre co-héritiers on ne doit pas s'en tenir à la dureté des principes ; *inter personas conjunctas, res non sunt amare tractandæ.*

Le rapport en moins prenant dans le cas d'aliénation de l'immeuble, se fait sur le pied de la valeur de cet immeuble au jour de l'ouverture de la succession (art. 860). On avait d'abord, dans le projet du Code, suivi la doctrine de Pothier, qui enseignait que l'on devait prendre en considération, pour fixer la valeur de l'immeuble, le moment où se faisait le partage ; mais cela a été changé dans la rédaction définitive. Si l'immeuble avait péri avant l'ouverture de la succession entre les mains du tiers acquéreur par suite d'un cas fortuit, l'héritier donataire serait affranchi du rapport, puisqu'à l'époque où il devait se faire la chose qui en faisait l'objet ne présenterait plus aucune valeur. On veut que les choses se passent comme si la donation n'avait pas eu lieu. Si l'immeuble n'avait pas été donné, il aurait sans doute également péri entre les mains du *de cujus* et ne se retrouverait plus dans la succession au jour du décès du donateur. Peu importe que le donataire ait touché le prix de l'aliénation ; il le gardera et l'obligation du rapport ne sera pas transférée de la chose au prix. L'héritier fera, il est vrai, un gain, mais c'est un bénéfice qu'on ne peut lui envier, car il courait les chances inverses de perte par suite de l'obligation où il se trouvait de rapporter la valeur au jour de l'ouverture de la succession. Supposons, en effet, que l'immeuble ait doublé de valeur depuis l'aliénation (ce qui ne serait pas sans exemple) ; qu'il ait été vendu moyennant 20,000 fr. et en vaille 40,000 au jour de l'ouverture de la succession ; ce serait alors 40,000 fr. que le donataire devrait rapporter au lieu de 20,000 fr. seulement qu'il a touchés.

Mais si l'immeuble n'avait été aliéné qu'après l'ouverture de la succession, la solution que nous venons de donner pour le cas de perte de cet immeuble ne serait plus applicable. En effet, par l'événement de la condition résolutoire qui était apposée à la donation, la chose donnée était rentrée à la masse héréditaire. Si l'héritier, qui ne s'en trouvait plus pour ainsi dire qu'en possession de fait, l'a vendue, il a aliéné une chose de la succession, il en doit donc le prix à la succession dont il a en quelque sorte fait l'affaire. Il est clair, du reste, que la vente portant sur une chose qui n'appartenait plus au donataire, serait complétement nulle si les autres héritiers ne voulaient _ as l'accepter ; en conséquence, l'acquéreur pourrait toujours être évincé.

Si le donataire avait subi une aliénation forcée, comme une expropriation pour cause d'utilité publique, ce ne serait plus la valeur de l'immeuble au jour de l'ouverture de la succession, mais seulement le prix qui aurait été touché qui devrait être rapporté. Il y a, en effet, alors un cas de force majeure qui a pour ainsi dire transformé la chose entre les mains du donataire ; le donateur aurait lui-même subi l'expropriation, on ne retrouverait plus dans sa succession que l'indemnité attribuée pour l'expropriation ; c'est par conséquent cette indemnité qui doit être rapportée. Ce que nous disons de l'expropriation pour cause d'utilité publique s'appliquera encore au cas de licitation, qui est une vente forcée (art. 815, C. Nap.), au cas où l'immeuble donné était affecté d'une clause de réméré et où le réméré a été exercé.

Ainsi que nous l'avons vu plus haut, le rapport a encore lieu en moins prenant lorsqu'il y a dans la succession des immeubles que les héritiers peuvent prélever pour se faire des lots égaux à celui que leur cohéritier donataire a reçu par avancement d'hoirie. Il existe entre ce cas et celui où l'immeuble a été aliéné une différence notable. Quand l'immeuble a été aliéné, le rapport, avons-nous dit, se fait sur le pied de la valeur au jour de l'ouverture de la succession (art. 860); mais lorsque c'est par prélèvement d'autres immeubles que se fait le rapport en moins prenant, l'héritier donataire gardant ce qu'il a reçu, on doit considérer la valeur de l'immeuble donné au jour du partage. En effet, dans cette hypothèse, le rapport est une des opérations du partage. On peut dire que l'immeuble est retourné à la masse héréditaire et que par une raison de convenance on le met dans le lot du donataire. C'est ainsi que cela se pratiquait dans l'ancienne jurisprudence, et l'art. 860, qui prescrit de prendre la valeur de l'immeuble au jour de l'ouverture de la succession, ne s'applique qu'au cas de l'aliénation ainsi que le prouve le texte même de cet article. De là il faut tirer cette conséquence : que si l'immeuble était venu à périr entre l'ouverture de la succession et le partage, l'héritier donataire serait affranchi du rapport (855).

Le rapport introduit dans un but d'égalité ne doit pas être l'occasion d'une perte pour l'héritier donataire; aussi doit-il lui être tenu compte des impenses qu'il a faites sur l'immeuble pour son aliénation ou sa conservation. Les impenses sont de quatre espèces : on distingue les dépenses nécessaires, les dépense utiles, les dépenses d'entretien et les dépenses voluptuaires.

Les dépenses voluptuaires sont celles faites pour l'embellissement de l'immeuble et qui n'en augmentent pas la valeur; elles ne donnent lieu à aucune indemnité au profit de l'héritier, qui n'a que le droit d'emporter ce qui peut s'enlever sans détérioration. Les dépenses d'entretien, dites encore usufructuaires, ne donnent lieu non plus à aucune indemnité en faveur du donataire; elles sont en effet une charge de la jouissance, il doit les supporter puisqu'il garde les fruits jusqu'au jour de l'ouverture de la succession.

Les dépenses nécessaires sont celles qui ont assuré la conservation soit totale, soit partielle de l'immeuble. Elles doivent être remboursées en entier, alors même que le fruit de ces dépenses aurait été détruit par quelque cas fortuit. *Sufficit quod ab initio utiliter gestum sit licet utilitas non duraverit* (Pothier, ch. 4, art. 11, § 7). Ainsi, le donataire a fait de grosses réparations aux bâtiments de la ferme qui lui a été donnée; bien qu'ensuite les bâtiments viennent à brûler, les impenses n'en devront pas moins être remboursées. Mais si les réparations avaient été faites à une maison qui périrait ensuite en entier, comme alors il n'y aurait plus de rapport, il n'y aurait plus à tenir compte des impenses (M. Bugnet, Notes sur Pothier).

Les dépenses utiles sont celles qui ont seulement augmenté la valeur de la chose et qui n'étaient pas nécessaires à sa conservation. Il est tenu compte au donataire qui les a faites de la plus-value qui en résulte, car il ne faut pas que la succession s'enrichisse à ses dépens : *neminem æquum est locupletari cum alterius detrimento.* Mais à quelle époque faut-il se placer pour déterminer cette plus-value? Cette question a soulevé parmi les interprètes de grandes difficultés. Dans l'ancien droit comme à présent, le rapport se faisait ou en nature ou en moins prenant, mais toujours on estimait l'immeuble au jour du partage, sans distinguer s'il était encore entre les mains du donataire ou s'il avait été aliéné. Quant aux dépenses utiles, elles étaient, dit Pothier, remboursées d'après la plus-value qui en résultait au temps du rapport qui devait être fait. Pothier entendait-il

parler du jour de l'ouverture de la succession, où commen-
çait à être dû le rapport, ou bien du jour du partage, où
le rapport se consommait réellement? Quelques auteurs prê-
tent à ces paroles le premier sens (M. Bugnet, Notes sur
Pothier), et c'était du reste la doctrine de Lebrun. Quoi
qu'il en soit de l'interprétation qu'on doive donner aux paroles
de Pothier, ce qu'il y a de bien certain, c'est que les rédacteurs
du Code voulant peut-être reproduire sa doctrine, ont entendu,
par le temps où devait se faire le rapport, le temps du partage.
De là l'art. 861, ainsi conçu : « Il doit être tenu compte au
« donataire des impenses qui ont amélioré le fonds, eu égard à
« ce dont sa valeur se trouve augmentée *au jour du partage.* »
Cette disposition se comprenait très-bien dans le projet du Code,
où, à l'exemple de Pothier, on voulait que ce fût toujours au
moment du partage que fût appréciée la valeur de l'immeuble
soumis au rapport, sans distinguer entre le rapport en nature
et le rapport en moins prenant, entre le cas où l'immeuble était
encore aux mains du donataire et celui où il avait été aliéné.
Mais la distinction qui n'existait pas dans le projet fut intro-
duite dans la rédaction définitive, et l'art. 860 dispose que,
quand le rapport se fait en moins prenant, il a lieu sur le pied
de la valeur de l'immeuble au jour de l'ouverture de la succession. Ce changement doit-il entraîner la modification de la règle
posée dans l'art. 861 ? Quelques auteurs l'ont prétendu. On a
accusé l'art. 861 d'iniquité et même d'absurdité. Les principes
généraux du droit, dit-on, veulent que ce soit au jour de l'ouverture de la succession que se fasse l'estimation de la plus-
value, car la donation, se trouvant résolue par suite du rapport,
et cette résolution s'opérant au moment de l'ouverture de la
succession, l'immeuble rentre à partir de cette époque dans la

masse héréditaire; il devrait, par conséquent, être aux risques de la succession du jour où elle en est redevenue propriétaire aussi bien pour les détériorations partielles que pour la perte totale. Ce système, qui fait si bon marché d'un texte de loi, ne me paraît pas admissible. Qu'il soit plus rationnel, plus conforme aux principes généraux du droit, de prendre, pour régler la plus-value, l'époque de l'ouverture de la succession plutôt que celle du partage, cela est possible; mais enfin ce n'a pas été l'opinion du législateur, qui se préoccupant uniquement du moment où se consomme réellement et définitivement le rapport s'est attaché au jour du partage pour l'évaluation de la plus-value résultant des impenses. Il est vrai que pour un cas, mais pour un cas unique, on a modifié dans la rédaction définitive la règle admise par le projet, d'après laquelle le rapport se faisait toujours sur le pied de la valeur de l'immeuble au jour du partage; dans le cas où le rapport se fait en moins prenant, parce que l'immeuble est aliéné, il a lieu sur le pied de la valeur de cet immeuble au jour de l'ouverture de la succession. Quelle conséquence faut-il tirer de là? Une seule. Si la modification de l'art. 860 a pu entraîner celle de l'art. 861, ce n'est évidemment que pour le cas prévu par l'art. 860, c'est-à-dire pour le cas où l'immeuble a été aliéné, avant l'ouverture de la succession. Alors, en effet, il serait absurde de faire entrer dans la somme due par l'héritier donataire l'évaluation de la plus-value résultant des impenses à l'ouverture de la succession, et d'aller prendre, pour régler l'indemnité due à ce même donataire, une époque postérieure à laquelle la plus-value aurait peut-être disparu. C'est pour ce cas que l'on peut dire avec raison qu'il y a eu inadvertance du législateur, en maintenant d'une manière absolue la règle de l'art. 861; c'est pour ce cas seulement que l'art. 861 peut être corrigé par l'ar-

ticle 860. Mais, quand l'immeuble est encore aux mains du donataire et que le rapport se fait en nature ou en moins prenant
au moyen de prélèvements faits par les autres héritiers, est-ce
que ce n'est pas toujours au moment du partage que se calcule
la valeur de l'immeuble? Puisque c'est sous l'influence de cette
idée qu'est posée la règle de l'art. 861, est-ce que cet article
ne doit pas nécessairement conserver son application aux cas
pour lesquels le principe qui l'avait dicté se trouve maintenu?
Evidemment si. En résumé, quand l'immeuble a été aliéné,
comme le rapport s'en fait en moins prenant au jour de l'ouverture de la succession, c'est à cette époque qu'il faut se placer
pour régler l'indemnité due au donataire à raison de ses impenses; dans les deux autres cas au contraire, comme le rapport se fait sur le pied de la valeur au jour du partage, la loi
veut qu'on ne calcule l'indemnité due pour les impenses qu'à
cette époque.

Pothier n'attribuait à l'héritier donataire qu'un droit de rétention sur l'immeuble pour se faire rembourser de ses impenses.
Il tirait de là cette conséquence, que si les autres héritiers ne
voulaient pas rembourser les impenses, le donataire retenait l'immeuble, mais devait en rapporter l'estimation, sous la déduction
toutefois de ce qui lui était dû pour la plus-value. Le donataire
voyait donc malgré lui substituer une dette d'argent à l'obligation
du rapport en nature. De Ferrière (art. 305, Coutume de Paris)
n'admettait pas cette interprétation; le donataire, selon lui, pouvait bien prendre le parti indiqué par Pothier, mais il n'y était
pas forcé, et il avait toujours le droit de dire à ses cohéritiers :
Vous me demandez le rapport, je vous le dois en nature; je vous
restitue l'immeuble que j'ai reçu; il m'est dû une somme d'argent pour la plus-value résultant de mes impenses; je ne veux pas,

pour me rembourser de cette somme, conserver un immeuble valant vingt ou trente fois plus, et me grever moi-même d'une dette considérable envers vous. C'est évidemment dans ce sens que doit être entendu l'art. 867; il donne au donataire tenu du rapport en nature un droit de retention sur l'immeuble; mais il ne dit pas que ce sera pour lui le seul moyen d'être remboursé de ses impenses. Sans doute, les cohéritiers ne sont pas tenus de demander le rapport: c'est un avantage que la loi leur accorde, et non une obligation qu'elle leur impose; mais du moment où ils entendent exiger ce rapport, ils ne peuvent pas dénaturer la dette de l'héritier donataire, et lui imposer de payer une somme d'argent quand il doit un immeuble en nature. Du reste, ce droit de rétention consacré par l'art. 867 est une application de ce principe général qui veut qu'on ne soit jamais tenu d'exécuter une obligation quand le créancier, de son côté, n'exécute pas l'obligation corrélative.

Pour le rapport des meubles, l'art. 868 pose une règle toute différente de celle donnée pour le rapport des immeubles. « Le « rapport du mobilier, dit-il, ne se fait qu'en moins prenant. Il « se fait sur le pied de la valeur du mobilier lors de la donation, « d'après l'état estimatif annexé à l'acte; et, à défaut de cet état, « d'après une estimation par experts, à juste prix et sans crue. » Il résulte de là que du jour de la donation la chose mobilière qui en fait l'objet se trouve aux risques du donataire; elle peut venir à se détériorer, à périr même complétement; le donataire ne devra pas moins toujours rapporter la valeur estimative des objets donnés. Cette distinction entre les meubles et les immeubles est empruntée à l'ancien droit (Pothier, chap. 4, art. 11, § 7). Elle est fondée sur ce que les meubles se détériorent facilement par l'usage qu'on en fait; et comme, en définitive, la détérioration ou la perte ne sont souvent qu'une conséquence de la jouissance qu'a eue le donataire, il a paru juste de les lui faire supporter. Pour apprécier la valeur des meubles donnés, on se réfère à l'état estimatif qui doit, à peine de nullité, accompagner la donation des meubles corporels. Dans le cas d'une donation manuelle ou bien encore dans le cas où l'état estimatif qui accompagnait la donation se trouve perdu, la valeur du mobilier se fixe au moyen d'une estimation faite par les experts. Dans la discussion au conseil d'État on avait proposé de faire une distinction entre les meubles susceptibles de se détériorer par l'usage et ceux, au contraire, tels que les diamants, les pierreries, ne se détériorant pas par l'usage, et d'exiger pour ceux-ci le rapport en nature. Cette distinction a été repoussée.

L'art. 868 s'applique-t-il aussi aux meubles incorporels, comme les rentes, les créances, les offices? On a prétendu que non; on a dit que le motif qui avait dicté la règle posée par cet article, bon pour les meubles corporels, ne pouvait pas s'appliquer aux meubles incorporels, qui ne sont pas susceptibles d'un usage qui les détériore; que la loi ayant omis de statuer sur le rapport de cette classe de biens, ce rapport doit se faire en nature; que les choses devant se passer comme si la donation n'avait pas eu lieu, ce qu'il y a de plus conforme à l'équité et à l'esprit de la loi, c'est de remettre dans la succession la chose même qui a été donnée. A l'appui de cette doctrine on invoque la discussion qui a eu lieu au conseil d'État sur l'art. 808, et dans laquelle on paraît supposer que cet article s'applique seulement aux meubles susceptibles de se détériorer par l'usage (1). Et la preuve, ajoute-t-on, que l'art. 868 ne

_____

(1) Fenet, t. 12, p. 75.

régit pas tous les biens meubles, c'est que le législateur a fait un article spécial pour le rapport de l'argent donné (869). Cette doctrine me paraît trop contraire au texte de la loi pour pouvoir être admise. L'art. 868 parle du mobilier, pour en ordonner toujours le rapport en moins prenant, et d'après l'art. 535, l'expression mobilier comprend généralement tout ce qui est censé meuble. Notre article doit donc s'appliquer aux meubles incorporels comme aux autres. Ce qui ressort du contexte de la loi, c'est que le législateur, voulant prévoir et régler tous les cas, a posé une règle pour le rapport des immeubles, puis une autre pour le rapport des meubles en général. Il ne s'est peut-être pas bien rendu compte des conséquences de cette règle; peut-être aurait-il mieux valu en législation ordonner le rapport en nature pour les meubles incorporels? Mais là n'est pas la question. La disposition de la loi est parfaitement claire et précise, elle ne fait aucune distiction, nous n'en devons pas faire davantage. Quant à l'art. 869, on ne peut pas dire qu'il vient poser une règle spéciale pour le rapport des sommes d'argent; il ne dit pas que le rapport des sommes d'argent se fait en moins prenant; il dit qu'il se fait en moins prenant dans le numéraire de la succession, c'est-à-dire qu'on applique ici, pour les prélèvements à faire par les autres héritiers, le principe posé par l'art. 830, d'après lequel ces prélèvements doivent se faire en biens de même nature. On ne peut donc pas invoquer l'art. 869 pour prouver que l'art. 868 n'embrasse pas dans sa disposition tous les cas de rapport des meubles.

Nous venons de voir que ce qui est rapporté c'est toujours la chose même qui a été donnée, ou sa valeur, soit au jour de la donation, soit au jour de l'ouverture de la succession, selon qu'il s'agit de meubles ou d'immeubles. Une exception à cette règle est apportée par l'art. 1573, pour le cas de régime dotal. D'après cet article, si le mari était déjà insolvable et n'avait ni art ni profession lorsque le père a constitué une dot à sa fille, celle-ci ne serait tenue de rapporter à la succession du père que l'action qu'elle a contre son mari pour la répétition de sa dot. La perte de la dot ne doit retomber sur la femme qu'autant que le mari n'est devenu insolvable que depuis le mariage, ou que n'étant pas solvable à cette époque, il avait au moins une profession qui pût lui tenir lieu de bien. Cette faculté pour la femme de ne rapporter que son action en répétition de dot contre son mari insolvable, est spéciale au régime dotal. L'art. 1573 n'est en effet qu'une tradition de la novelle 97, chap. 6. Cette novelle, ainsi que nous l'attestent les anciens auteurs, n'eut jamais cours dans les pays de coutumes; et en matière de communauté, ce sont les principes du droit coutumier qui dominent, et non ceux du droit romain (1).

Nous n'avons jusqu'ici parlé que des choses données entre vifs; pour les legs, il n'y a pas, à proprement parler, de rapport. L'héritier qui est en même temps légataire ne rapporte pas, mais laisse à la masse la chose qui lui a été léguée pour qu'elle soit comprise au partage (art. 849). Quelques auteurs ont, il est vrai, prétendu que pour les legs particuliers il devait se faire une espèce de rapport en moins prenant, que la chose léguée devait être mise dans le lot de l'héritier légataire. Cette théorie est repoussée par l'art. 849, d'après lequel l'héritier *ne peut réclamer les legs à lui faits*, s'ils ne lui ont été faits avec dis-

_____

(1) Bourjon, Droit commun de la France, 2ᵉ part. ch. 6, sect. 2, nᵒˢ 10 et 11.

pense du rapport. Et comment d'ailleurs pourrait-on mettre la chose léguée dans le lot de l'héritier légataire, puisque les lots doivent être tirés au sort (art. 834)?

Il nous reste encore à dire quelques mots des effets du rapport. Ces effets sont réglés par l'art. 865. « Lorsque le rapport « se fait en nature, porte cet article, les biens se réunissent à la « masse de la succession francs et quittes de toutes charges « créées par le donataire. » La donation faite en avancement d'hoirie est faite sous une condition résolutoire; elle ne donne à l'héritier donataire qu'une propriété résoluble; il ne peut lui-même transférer aux tiers avec lesquels il traite qu'un droit résoluble (2125). Une fois donc que la condition résolutoire est arrivée, que le rapport a eu lieu, les droits des tiers, les hypothèques qui grevaient l'immeuble disparaissent : *Soluto jure dantis, solvitur jus accipientis.* Le législateur n'a cependant pas poussé cette doctrine jusque dans ses dernières conséquences; il ne l'a pas appliquée au cas d'aliénation totale de l'immeuble donné. On anéantit bien la concession des simples droits réels tels que servitudes ou usufruit que le donataire aurait pu faire sur l'immeuble, mais on respecte l'aliénation totale. On n'a pas voulu frapper l'immeuble donné d'indisponibilité entre les mains du donataire et exposer celui-ci à des recours en garantie qui seraient souvent ruineux. Cette règle s'applique même lorsqu'il n'y a pas d'autres biens dans la succession que l'immeuble qui a été donné, et que d'un autre côté le donataire est insolvable et ne peut pas payer la valeur de cet immeuble; même dans cet hypothèse, le tiers acquéreur ne peut pas être évincé. Les héritiers, il est vrai, subiront une perte, mais ils n'ont en réalité pas lieu de s'en plaindre. Du moment où la succession ne présentait pas d'autre actif que le bien donné, le donataire devait renoncer pour s'affranchir du rapport. S'il ne l'a pas fait, c'est qu'il s'est trompé, et en équité il ne faut pas que les autres héritiers puissent se prévaloir de cette erreur pour évincer le tiers acquéreur.

Dans le cas où le rapport n'a pas lieu en nature, mais seulement en moins prenant, comme le donataire garde la chose qui lui a été donnée, les droits des tiers, les hypothèques qui grèvent l'immeuble sont maintenus. Les acquéreurs de droits réels et les créanciers hypothécaires ont donc le plus grand intérêt à ce que le rapport ne se fasse pas en nature lorsqu'il peut se faire en moins prenant ; aussi la loi leur donne-t-elle la faculté d'intervenir au partage pour empêcher qu'il soit fait fraude à leurs droits.

Si l'immeuble donné avait été rapporté en nature, et que par l'événement du partage il fut attribué précisément à l'héritier donataire, les droits réels et hypothèques que ce donataire a concédés antérieurement seraient-ils maintenus? Je pense que si la loi, art. 865, prononce l'extinction des droits réels et hypothèques constitués par le donataire, c'est uniquement dans l'intérêt des autres héritiers, et non pas pour dégager le donataire. Et d'ailleurs ne peut-on pas dire que légalement il n'y a pas eu interruption dans le droit de propriété de l'héritier donataire? Jusqu'au jour de l'ouverture de la succession il a possédé l'immeuble à titre d'avancement d'hoirie, et le partage, dont l'effet remonte au jour de l'ouverture de la succession, est venu confirmer et rendre définitive cette attribution anticipée; l'héritier à qui est échu un bien est censé en avoir toujours été seul propriétaire depuis l'ouverture de la succession (art. 883). Il paraît donc conforme aux principes du droit, en même temps qu'à l'équité, de maintenir sur l'immeuble rapporté, mais qui est retombé en-suite dans le lot du donataire par l'événement du partage, les droits réels et hypothéqués qu'il avait constitués antérieurement. C'était du reste, ainsi que nous l'atteste Bourjon, la pratique constante du Châtelet de Paris (1).

QUESTIONS.

DROIT ROMAIN.

I. Lorsque le père de famille instituait son fils en puissance pour trois quarts et un étranger pour un quart, l'enfant éman-cipé qui demandait la possession de biens devait rapporter à son frère en puissance le tiers de ses biens propres, et non le quart (L. 1re, Dig., § 3, *de collat.*).

II. L'enfant qui était sorti de la famille par l'adoption devait rapporter à la succession de son père naturel qui l'avait institué héritier, dans deux cas : 1° si telle était la cause de l'institution ; 2° si le testament tombant par la possession de biens, l'enfant adoptif demandait cette possession de biens pour une part plus forte que celle pour laquelle il avait été institué.

III. Le rapport des biens par l'émancipé se faisait déduction faite des dettes de l'émancipé; il n'en était pas de même du rap-port de la dot.

---

(1) Bourjon, Droit commun de la France, 2e part., ch. 8, sect. 5, n° 88.

IV. Les legs faits à un héritier par le *de cujus* n'ont jamais été soumis au rapport, même après la novelle 18.

V. La novelle 118 abrogea l'édit *de conjungendis cum emancipato liberis;* en conséquence le fils émancipé ne fut plus soumis au rapport envers ses enfants.

VI. Les donations simples faites à un fils en puissance, ou à un émancipé ne venant en concours qu'avec des émancipés, ne sont pas rapportables dans le dernier état du droit romain. Il en est de même pour les donations simples faites par la mère ou un ascendant paternel ; mais celles faites par un père à son fils émancipé, sont rapportables au profit des enfants en puissance.

HISTOIRE DU DROIT.

I. La noblesse française a son origine dans l'antrustionnat.

II. La servitude de la glèbe du moyen-âge a son origine dans le colonat romain et la servitude agricole des Germains.

DROIT DES GENS.

I. La domination d'une nation s'étend sur la mer voisine de ses rivages jusqu'à la distance d'une lieue marine.

II. Une nation belligérante peut visiter les navires de commerce d'une nation neutre, pour voir s'ils ne portent pas de la contrebande de guerre.

DROIT PÉNAL.

I. Le duel est punissable ; il rentre sous l'application des art. 302, 304 et 309 du Code pénal.

II. L'art. 334 du Code pénal ne punit que le proxénétisme.

DROIT CIVIL FRANÇAIS.

I. L'héritier bénéficiaire qui délaisse sa part des biens héréditaires aux créanciers pour s'affranchir des dettes , ne cesse pas d'être tenu du rapport vis-à-vis de ses cohéritiers.

II. Celui qui succède par représentation ne doit pas le rapport de ce qui lui a été donné à lui personnellement.

III. L'héritier renonçant qui se soustrait au rapport, ne peut garder ce qui lui a été donné que jusqu'à concurrence de la quotité disponible ; il ne peut pas cumuler la quotité disponible avec la part qu'il aurait eue dans la réserve en se portant héritier.

IV. La donation en avancement d'hoirie faite à l'héritier renonçant s'impute sur la quotité disponible, par préférence aux donations postérieures et aux legs.

V. Les donations déguisées sont rapportables.

VI. La renonciation à une succession , à une communauté, à un legs, dans le but d'avantager un successible , constitue une libéralité rapportable.

VII. L'héritier doit le rapport des sommes dont il est débiteur. La loi ne recherche pas l'origine de la dette.

VIII. Il n'est pas dû de rapport pour les dettes excessives qu'un des cohéritiers aurait contractées en minorité, et que le père aurait remboursées.

IX. Il faut, pour les dépenses utiles, faire déduction de la plus-value existant au moment du partage , si l'immeuble n'a pas été aliéné par le donataire ; mais dans le cas d'aliénation de l'immeuble, le calcul des impenses utiles doit se faire au jour de l'ouverture de la succession.

X. Le rapport du mobilier se fait toujours en moins prenant, et sur le pied de la valeur des objets donnés au jour de la donation. La loi ne distingue pas entre le mobilier corporel et le mobilier incorporel.

XI. Dans le cas de rapport en nature, les hypothèques et droits réels constitués par le donataire renaissent sur l'immeuble, lorsqu'il tombe au lot de l'héritier donataire.

DROIT COMMERCIAL.

I. Le rapport n'est pas dû pour la fraction de dette remise par le concordat.

II. Lorsque le mari et la femme étant obligés solidairement, le mari tombe en faillite et obtient un concordat, les créanciers ne peuvent pas exercer de poursuites sur les biens de la communauté, pour la portion de la dette remise par le concordat, bien que la femme reste toujours débitrice.

Vu par le Président de la thèse,
VALETTE.

Permis d'imprimer :
Le Recteur de l'Académie,
CAYX.

www.ingramcontent.com/pod-product-compliance
Lightning Source LLC
Chambersburg PA
CBHW062020200326

41519CB00017B/4863